O Mecanismo da Vida Consciente

ÚLTIMAS PUBLICAÇÕES DO AUTOR

Intermedio Logosófico, 216 págs., 1950. [1] [2]
Introducción al Conocimiento Logosófico, 494 págs., 1951. [1] [2]
Diálogos, 212 págs., 1952. [1]
Exégesis Logosófica, 110 págs., 1956. [1] [2] [4] [6]
El Mecanismo de la Vida Consciente, 125 págs., 1956. [1] [2] [4] [6]
La Herencia de Sí Mismo, 32 págs., 1957. [1] [2] [4]
Logosofía. Ciencia y Método, 150 págs., 1957. [1] [2] [4] [6] [8]
El Señor de Sándara, 509 págs., 1959. [1] [2]
Deficiencias y Propensiones del Ser Humano, 213 págs., 1962. [1] [2] [4]
Curso de Iniciación Logosófica, 102 págs., 1963. [1] [2] [4] [6] [7] [8]
Bases para Tu Conducta, 55 págs., 1965. [1] [2] [3] [4] [5] [6]
El Espíritu, 196 págs., 1968. [1] [2] [4] [7]
Colección de la Revista Logosofía (tomos I [1], II [1], III [1]), 715 págs., 1980.
Colección de la Revista Logosofía (tomos IV [1], V [1]), 649 págs., 1982.

(1) Em português.
(2) Em inglês.
(3) Em esperanto.
(4) Em francês.
(5) Em catalão.
(6) Em italiano.
(7) Em hebraico.
(8) Em alemão.

Carlos Bernardo González Pecotche RAUMSOL

O Mecanismo da Vida Consciente

16ª edição
2015

Editora
LOGOSÓFICA

Título do original
El mecanismo de la vida consciente
Carlos Bernardo González Pecotche RAUMSOL

Tradução
Colaboradores voluntários da Fundação Logosófica
(em Prol da Superação Humana)

Projeto Gráfico
Rex Design

Produção Gráfica
Adesign

Dados Internacionais de Catalogação na Publicação (CIP)
(Câmara Brasileira do Livro, SP, Brasil)

González Pecotche, Carlos Bernardo, 1901-1963.
        O mecanismo da vida consciente / Carlos Bernardo González Pecotche (Raumsol).
16. ed. – São Paulo : Logosófica, 2015.

Título original: El mecanismo de la vida consciente
        ISBN 978-85-7097-118-0

        1. Consciência 2. Logosofia I. Título.

		CDD-153
15-08966		-149.9

Índices para catálogo sistemático:
1. Consciência : Processos mentais : Psicologia   153
2. Logosofia : Doutrinas filosóficas 149.9
3. Mente : Processos intelectuais conscientes : Psicologia   153
4. Processos mentais conscientes : Psicologia   153

SUMÁRIO

Prólogo

Quando se focalizam temas de tão vital importância para o conhecimento dos homens, é necessário respaldar as palavras com uma garantia indiscutível. Em nosso caso, essa garantia fica estabelecida desde o instante em que declaramos – com as evidências mais formais da experiência que tem confirmado reiteradamente nossas asseverações – que os conhecimentos inseridos neste livro têm sido rigorosamente aplicados na vida de centenas de estudiosos, com o mais auspicioso dos êxitos. Isto servirá para destacar que o que vem expresso em suas páginas não são belas palavras nem ilusórias conjecturas, semelhantes às contidas naquela literatura a que os divulgadores da filosofia oriental e ocidental, antiga e moderna, tanto nos haviam acostumado. Não se trata de uma teoria a mais que se acrescenta ao enorme acervo conhecido, mas sim de uma realidade que opera sobre os entendimentos, apresentando conclusões precisas, fatos irrefutáveis e verdades irremovíveis. É a nossa uma nova concepção do homem e do Universo, a qual, por sua profundidade, lógica e alcance, se converte de fato em Ciência da Sabedoria. Esta ciência é capaz de transformar, com seu método original, a vida dos homens, dando-lhe um conteúdo, uma amplitude e possibilidades jamais desfrutadas até hoje no seio da família humana.

A Logosofia inaugurou a era da evolução consciente e, graças ao processo de superação que seus preceitos estabelecem, cada um poderá alcançar as máximas prerrogativas concedidas ao seu ser psicológico, mental e espiritual e, ao mesmo tempo, conhecer as potências criadoras de sua mente, que são os agentes diretos e insubstituíveis do equilíbrio, da harmonia e da potestade individual.

Não veio esta ciência para ensinar o que se sabe, mas sim o que se ignora; tampouco veio indicar o caminho do aperfeiçoamento a quem já o tenha percorrido, nem proporcionar a felicidade aos que já a desfrutam. Feita essa ressalva, este livro poderá ser lido sem prevenções, porque cada qual saberá, diante dos novos conceitos e afirmações, colocar-se no lugar da escala hierárquica que a seu juízo lhe corresponda por sua evolução, sem se considerar incluído entre os que, caracterizando estados mentais e psicológicos determinados, tomamos para referência e estudo nesta obra.

A enorme dessemelhança que existe entre uma e outra mente não impede que nosso ensinamento se manifeste com prodigiosa adaptabilidade a cada entendimento, mas, como é lógico, as mentes educadas na disciplina e na cultura conseguem assimilá-lo mais rapidamente, sempre que não estejam anquilosadas por preconceitos ou por crenças inculcadas às vezes desde a infância, já que, ao não existir flexibilidade mental, o ensinamento sofre graves inconvenientes em sua função construtiva. Não é tampouco suficiente credencial, para abranger os grandes conteúdos da sabedoria logosófica, uma mente ilustrada e culta, ou uma mente adestrada no campo da ciência, da literatura ou da arte, se essa mente, por força de só insistir no trato com as coisas externas, já se tiver tornado fria e insensível. O conhecimento logosófico não deve ser apenas compreendido, mas também sentido no fundo da alma; e é compreensível que assim deva ocorrer, porque ele é dirigido ao interior do ser. Ali, no mundo interno do indivíduo, é onde a verdade do seu conteúdo se manifesta, captada pela sensibilidade, que sempre se antepõe à razão. A capacidade receptiva da sensibilidade é mais rápida e eficaz; percebe velozmente a proximidade de uma verdade, antecipando-se à razão e ao entendimento em seus lentos e refinados procedimentos analíticos, motivo pelo qual se poderia considerá-la como o radar psicológico do homem, capaz de captar ou de denunciar verdades próximas ou distantes.

Dentre os detalhes que poderiam chamar a atenção do leitor, vamos destacar um que consideramos de interesse e importância. A verdade logosófica é por natureza indivisível, de modo que, se falamos de evolução, devemos reportar-nos a cada um dos pontos capitais do ensinamento; por exemplo: mente, sistema mental, método, pensamento, etc. O mesmo ocorre quando tentamos tratar isoladamente de qualquer desses temas: não podemos prescindir dos demais, pois estão todos tão estreitamente ligados que se torna impossível isolá-los. Isso dá ideia da singularidade e unidade de nossa ciência. Sem esta advertência, talvez não se pudesse compreender por que, nos estudos de Logosofia, é seguida uma ordem diferente da comum. Sabemos, e a experiência o tem demonstrado, que quem penetra nos conhecimentos que expomos encontrará mais bem esclarecida esta ressalva, que rompe com a rotina e mostra essa singularidade que acabamos de mencionar.

As exposições que O MECANISMO DA VIDA CONS-CIENTE oferece ao leitor têm por finalidade estender o movimento logosófico de superação, bem como o esclarecimento dos pensamentos e ideias que o alentam, a todos os campos da atividade humana, em particular os da inteligência, a cujo juízo a Logosofia submete as verdades que lhe são consubstanciais.

Um quarto de século de fecundas experiências e realizações, documentadas na própria consciência de cada logósofo que abraçou confiante as excelências de nossa concepção, é o testemunho mais fidedigno e legítimo que o autor pode oferecer ao mundo, para que a humanidade se oriente decidida pelo único caminho que pode conduzir os homens à paz de seus espíritos, ao enobrecimento de suas vidas e à fraternidade universal, que é para as aspirações humanas um ansiado desiderato.

Diante da desorientação ou, melhor ainda, do caos espiritual que assola grande parte do mundo, produto da efervescência de ideias extremistas que ameaçam a independência mental do indivíduo e sua liberdade, que é seu direito imanente, e diante do esforço dos que governam a política mundial, empenhados em encontrar formas de convivência e de paz, temos trabalhado sem descanso na procura de soluções reais e permanentes, começando pela substituição de certos conceitos totalmente inapropriados para a vida atual. Nossos esforços estiveram dedicados a guiar o entendimento humano, levando-o ao encontro dessas soluções dentro do próprio ser, isto é, dentro da esfera individual primeiro, para que o homem possa contribuir depois, junto com outros semelhantes igualmente munidos de tão inestimáveis elementos de juízo, para o grande esforço comum por resolver os complexos e tortuosos problemas que afligem a humanidade.

O tempo e a nossa perseverança em levar avante um movimento de tal transcendência dirão se haverão de ser as gerações presentes, ou as do futuro, as que melhor respondam ao nosso chamado, dispondo-se a ver, provar, sentir, experimentar e desfrutar os benefícios de um descobrimento tão essencial para o homem de nossos dias: O MECANISMO DA VIDA CONSCIENTE.

I

Nervosismo ambiente.

Fracasso das correntes intelectuais que no curso do tempo se moveram em torno da figura humana.

A Logosofia assinala erros e anuncia o despontar de uma nova aurora para o homem.

Tão logo se observa a voragem da época atual, com seu nervosismo ambiente – calamidade psicológica resultante da última conflagração bélica –, comprova-se que no imenso cenário do mundo tudo se move, dança, gira vertiginosamente, às vezes com caracteres ciclônicos. Contemplado de certo ângulo, assemelha-se a um imponente balé em perpétua mudança, cujas figuras centrais cumprem maravilhosamente suas funções coreográficas, mas não podem ir além da simulação alada de seus movimentos.

Com não pouco assombro, temos visto as correntes intelectuais multiplicarem-se ao longo dos tempos, e mais ainda nos dois últimos séculos, especialmente as que se relacionam com os domínios do pensamento e da psicologia humana, sem que de sua seleção tenham surgido ideias de evidente acerto a respeito da condução do homem em suas íntimas aspirações de aperfeiçoamento. Na realidade, dessa confusão de teorias, dessa deslumbrante erudição posta em jogo nas especulações filosóficas, metafísicas e psicológicas, nada restou de efetivo, embora obrigue às gerações que estudam, isso sim, a estar em dia com o exposto pelos filósofos e pensadores antigos e contemporâneos. Nada se perdeu, entretanto; a classe dileta e estudiosa, que conhece ao pé da letra tudo o que foi publicado e dito até o presente sobre o assunto, tem uma oportunidade magnífica: a de estabelecer a diferença substancial que existe entre os valores da ilustração a que acabamos de nos referir e os do conhecimento transcendente, de efeitos reais e permanentes, dos quais trataremos ao longo destas páginas.

Transportando a imagem para o grosso da comunidade, vamos encontrá-la vivendo no ritmo agitado já descrito, mas com o acréscimo de um desalinho mental pouco edificante. As folhas de papel impresso são devoradas por ela com insaciável avidez. Seu intelecto pareceria, inclusive, ter adquirido um certo sincronismo, e até mesmo semelhança, com as rotativas que fazem girar os gigantescos cilindros da imprensa. Os livros são lidos ali apressadamente, umas vezes com frenesi, e outras para "matar o tempo" – segundo a frase habitual –, sem se pensar que, ao fazê-lo, a vida se vai destruindo aos poucos, porque tempo que se perde é vida que passa sem perspectivas de recuperação.

A mediocridade atual – referimo-nos aos grupos bastante numerosos que não alcançaram uma formação cultural respeitável – configura uma linha ziguezagueante e curiosa, que vai desde o ensaio até a audácia. Acaso já não se viu que muitos, animados pelo volumoso acervo de noções esparzidas nas mais variadas publicações, acreditam ser possível manejar os séculos, as épocas, as culturas e os conjuntos das mais complicadas abstrações, como se se tratasse de meros conceitos perfeitamente determinados em seus alcances e conteúdos? Não temos visto também, por exemplo, o espetáculo risível que seus lustrosos pensamentos, desgastados pelo uso, apresentam? Com justa razão se pode afirmar que determinadas façanhas não são para qualquer um ... Por outra parte, entre os que leem muito e escrevem, estão aqueles que costumam apossar-se ingenuamente de frases e palavras, em troca do mínimo esforço que a leitura requer. Quanto custa, às vezes, despojar-se dos hábitos instintivos do símio e também dos da raposa, que engorda à custa do vizinho!

É lamentável observar a frondosidade e exuberância de muitas mentes ocupadas quase continuamente em gerar pensamentos desta ou daquela espécie, ou de ambas ao mesmo tempo, transfundidos em híbrido elemento intelectual. Todo esse enxame mental se nutre nas flores da ilusão, de onde extrai sintético mel. As formosas flores da realidade jamais são vistas nos campos teóricos. No plano das altas possibilidades humanas, a realidade não permite que a ficção, por mais elevada que seja a sua artificiosa arquitetura mental, transponha os umbrais de seu mundo, onde as mentes evoluídas tomam direto e íntimo contato com as grandes concepções universais ou ideias-mãe, que engendram pensamentos luminosos.

A confusão reinante em matéria de princípios e conceitos relativos à psicologia humana faz suspeitar, com alguma razão, que nada ainda se pôde tirar como conclusão de tão trilhado e debatido tema. Isto não tem constituído obstáculo para que, nesse meio tempo, o quarto poder, e até o livro, inundem o mundo com torrentes de frases e proposições, que um dia são sustentadas com veemência e, no seguinte, substituídas por outras, novas, mais ousadas talvez, para que o barulho que provoquem, tal como um sino em repiques propagandísticos, se torne auspicioso para os interessados em difundi-las. Mas, quando centenas de livros e inumeráveis artigos já abordaram um tema, este se converte em algo assim como uma pedra muito gasta, sobre a qual é difícil talhar novas formas.

A Logosofia esculpe suas esculturas sobre pedra virgem; mais propriamente ainda, utiliza a argila humana, porém dando-lhe consistência eterna. É a única, fora de qualquer dúvida, que descobre verdades e concretiza realidades até aqui desconhecidas a respeito da conformação psicológica do homem e do aperfeiçoamento de suas qualidades.

Diante da abundância de pensamentos desconexos, de ideias abstratas, sem apoio possível na razão que as examina; diante do entrincheiramento das velhas e das novas crenças, que, apesar disso, não resistem a uma análise sensata e consciente, a Logosofia desfralda a bandeira revolucionária do pensamento contemporâneo, para dizer ao mundo que na mente humana, só na mente humana, se há de achar a grande chave que decifre todos os enigmas da existência.

Nem sequer no campo das deduções e das analogias puderam os pensadores de outrora e de hoje aproximar-se dessas verdades. Perdidos no labirinto das suposições e das hipóteses, trataram, não há dúvida, de buscar todos os substitutos imagináveis do conhecimento de si mesmo, em vez de dirigir o entendimento para concepções mais amplas da vida própria. É lógico que, quando o prego é invisível, não existe possibilidade de acertá-lo ... Para vê-lo, é necessário limpar o entendimento de toda enganosa ilusão de sabedoria; então, sim, ficará visível o que a ignorância fez crer inexistente.

2

Busca infrutífera do saber.

A Logosofia abre novas possibilidades
para as atividades da inteligência e do espírito.

O que tem movido o homem, desde que usa a razão, a buscar a verdade? O que mais atrai seu entendimento e deleita seu espírito? A que tem ele dedicado seus maiores afãs, empenhos e entusiasmos? O que lhe exige maiores sacrifícios, provas de constância, paciência e esforços? – O saber.

O que mais o tem atormentado, entristecido e desesperado? – A ignorância.

Nada tem tido, na verdade, maior significação e importância para o gênero humano, na consumação de seus altos destinos, do que o saber. Desde remotas épocas, o homem correu atrás dele, buscando-o aonde sua imaginação, sua intuição ou pressentimento o levaram. Paralelamente a essa busca, nasceram em sua mente as primeiras ideias e se gestaram os primeiros pensamentos.

Os avanços iniciais em busca do saber tiveram lugar quando o ente humano, inquieto por excelência, deu rédea solta à sua avidez, explorando e conquistando terras. Nessa empresa, encontrou e descobriu muitas coisas que despertaram nele maiores ânsias de conhecimento. Desde então, foi constante sua preocupação por alcançar o excelso pináculo da Sabedoria. Escalou todas as alturas que pôde, tanto em ciência e arte como em filosofia e religião. Chegou, inclusive, a descobrir os segredos da energia termonuclear, fabricando com ela as armas mais tremendas e mortíferas; entretanto, para sua desventura, perdeu de vista o caminho que haveria de levá-lo à presença de seu Criador, representado nos grandes arcanos da imensa realização universal. Esse caminho é o da evolução consciente, que proporciona em seu percurso informes diretos sobre tudo o que possa interessar ao espírito humano a respeito de sua origem, existência e destino, em relação estreita com a Vontade Suprema.

Conhecendo-se a si mesmo, isto é, explorando seu mundo interno e descobrindo as maravilhas que nele existem, o homem conhecerá seu Criador, mas isso será de conformidade com seu avanço em direção à conquista desse grande e transcendental desiderato.

A Logosofia e seu método singular constituem a base inalterável do autoconhecimento. Cabe assinalar que a essência dos conteúdos logosóficos foi extraída das profundas observações realizadas, tanto nas recônditas sinuosidades do ente humano como na atividade incessante do pensamento universal que alenta a Criação. Daí sua extraordinária força energética e dinâmica, que impulsiona o processo de evolução consciente a partir do instante em que o investigador, por própria vontade, aceita seguir as disciplinas logosóficas, imprescindíveis para assegurar a eficácia do método.

Muitos ensinamentos aparecem aqui tratados sinteticamente e com palavras simples e adequadas, a fim de que o esforço no aprofundamento se torne mais fácil e assegure os melhores resultados, porquanto este livro foi especialmente preparado para dar ao leitor uma impressão cabal da importância dos referidos ensinamentos e vinculá-lo de fato ao pensamento do autor. Não obstante, se se deseje penetrar mais nos valores que a Logosofia expõe, poderão ser encontrados nas demais obras publicadas todos os elementos para a obtenção de uma ideia exata. Contudo, isso não bastará para a formação logosófica; será também necessário aprender como se aplica o ensinamento à vida e como se exercitam os conhecimentos, quer na experiência pessoal, quer na alheia.

Não será demais dizer que, embora a Logosofia se valha dos vocábulos correntes para dar a conhecer este novo gênero de verdades, em sua linguagem eles adquirem singulares e penetrantes significados, que diferem notadamente dos do léxico de nossa língua. Feita essa ressalva, deverá entender-se que, quando dizemos "consciência", e dela nos ocupamos, não o fazemos do ponto de vista corrente, adquirindo a referida palavra outro volume e esplendor. O leitor perceberá que tal fato se reproduz em relação a cada termo importante: mente, pensamento, espírito, inteligência, razão, imaginação, intuição, vontade, evolução, e tantos outros que irão aparecendo no curso de nossa exposição.

Essa variação introduzida na terminologia não implica necessariamente uma desnaturalização de sua expressão etimológica; muito pelo contrário, acrescentou-se aquilo que a juízo da Logosofia lhe faltava, com o que seus conteúdos alcançam uma amplitude que dá vida e riqueza de expressão às palavras. Não podia ser de outra maneira, uma vez que tudo é original nesta ciência universal e única.

Entre as particularidades que distinguem a concepção logosófica, cujo fundo e lógica se baseiam em sua profunda verdade demonstrável, a originalidade é, sem dúvida alguma, uma das que mais comoção produz no sentir humano. Cabe destacar aqui o poder convincente dessa verdade, o qual consiste em que, sendo tão simples, ninguém até hoje a havia descoberto. Contudo, onde mais força nossa afirmação adquire é ao se experimentar a sensação de amplitude que seus conhecimentos oferecem à vida, ao que se une a impressão de retidão e solidez de seus valores éticos. Todo ser racional e consciente, que toma contato com nossa concepção, sente que ela toca e comove sua própria realidade interna, e que não só satisfaz plenamente, com suas explicações, os fatos incompreendidos da vida, mas também responde, com segurança, às indagações pendentes, apresentando à inteligência outras mais profundas, que em seguida ajuda a transformar em conhecimentos.

Se ainda tiver ficado alguma dúvida a respeito de tais asseverações, bastará para eliminá-la o só enunciado de suas concepções sobre o sistema mental, sobre a gênese, atividade e autonomia dos pensamentos, e sobre o processo de evolução consciente, ao que ainda faltaria acrescentar os conhecimentos que dão verdadeira e elevada hierarquia ao espírito e abrem inteiramente para o homem as portas de sua redenção moral, proporcionando-lhe as mais justas e viáveis possibilidades de reabilitação, ao permitir-lhe refazer sua vida sobre bases graníticas e enriquecê-la com fecundas realizações internas de superação individual.

A Logosofia traz uma mensagem que se plasma numa nova geração de conhecimentos, os quais, por sua índole e finalidade, diferem completamente das verdades admitidas. Não tem, pois, semelhança nem parentesco de nenhuma natureza com os sistemas ou teorias filosóficas ou psicológicas conhecidas. Seu objetivo principal é fazer o homem experimentar a certeza de um mundo superior: o metafísico, em cujos vastos e maravilhosos campos naturais pode encontrar inesgotáveis motivos de regozijo, enquanto nele penetra e enriquece sua consciência com a abundância dos novos e valiosíssimos elementos que encontra em seus continuados esforços pela superação integral de si mesmo e pela conquista do bem. Esta realidade que a Logosofia faz o homem viver é o resultado de um processo de evolução que deve ser realizado com o imprescindível e insubstituível concurso da consciência individual despertada para esse fim primordial.

Como se terá podido apreciar, a Logosofia não pretende ensinar nada do que o homem já sabe, e sim do que ignora. Essa simples declaração a libera de mencionar, em seus textos, o que foi dito ou enunciado por aqueles que, em suas respectivas épocas, se ocuparam em elucidar as questões que, direta ou indiretamente, interessaram à inteligência em suas pesquisas sobre os mistérios do espírito e da psicologia humana.

Como ciência dos conhecimentos que informam sobre as verdades transcendentes, a Logosofia tem diante de si uma imensa tarefa a cumprir, ao encarar a mente humana tal como ela aparece em sua particular concepção. Seu trabalho, a ser realizado nas mentes desde o momento em que tomam contato com o ensinamento, requer grande consagração e paciência, surgindo daí, com frequência, surpresas muito agradáveis. Nessas terras mentais semivirgens, que permitem ao arado logosófico abrir profundos sulcos, costumam produzir-se verdadeiros milagres de fertilidade. Por certo que os beneficiários – estando, como devem estar, diretamente ligados ao processo desse cultivo – saberão administrar bens tão apreciados como os do conhecimento causal ou transcendente.

As mentes, como as terras de lavoura convenientemente trabalhadas, podem proporcionar excelente rendimento, mas será necessário ter em conta que a semente nelas lançada haverá de ser oportunamente renovada, para evitar que seu fruto seja exíguo. Isto significa que, depois de obter os primeiros resultados, não convém confiar demasiadamente neles, devendo--se recorrer com a necessária frequência à fonte do saber logosófico, a fim de reunir novos conhecimentos, os quais, ao mesmo tempo que contribuirão para enriquecer a terra mental, também a farão produzir com maiores vantagens.

A Logosofia vem a ser, para a mente humana, o semeador que oferece sua semente com generosidade e abundância. Ela é fonte de energia e está abastecida por sua própria inspiração.

A isso adicionaremos – como comentário feito à margem, e especialmente dirigido aos que seguiram disciplinas universitárias – que, embora todo conhecimento, seja da índole que for, abra caminho para o descobrimento de outros de análoga natureza, os conhecimentos logosóficos superam notavelmente essa prerrogativa, pela variedade de sugestões que fazem aflorar na mente, todas elas tendentes a concentrá-la num grande objetivo: o aperfeiçoamento individual e, consequentemente, o de todos os semelhantes.

Existem duas posições ou atitudes bem definidas que podem ser adotadas diante da ciência logosófica, isto é, duas formas de encarar seu estudo: a teórica (especulativa) e a vital (intensiva). Enganar-se-ia quem pretendesse fazer confusão entre estas duas condutas, porque em Logosofia tudo se descobre, até a mais leve intenção, por ser a própria consciência individual a que reage diante de qualquer atitude equivocada.

A primeira apenas vincula externamente ao pensamento logosófico. Nessa posição, a inteligência analisa por fora o ensinamento e especula com ele; seu conteúdo essencial, exuberante de beleza e de elementos de sabedoria, permanece ignorado pelo teórico. A especulação é incompatível com o verdadeiro saber, que não combina com o trato superficial. Ainda que se memorize com relativa facilidade o ensinamento, isso não se ajusta às compreensões básicas que dele devem ser obtidas, pois falta o elemento vivo, privativo da experiência no campo logosófico. A atitude especulativa é a geralmente adotada pelo intelectual que, acostumado às disciplinas universitárias, tudo analisa com a intervenção de um só polo, a inteligência, mas sem o concurso do outro, a sensibilidade, que amadurece e fixa internamente o conhecimento. É compreensível, não obstante, que tal atitude mental esteja de acordo com essas disciplinas, que não se relacionam diretamente com a vida interna de quem estuda. Tudo ali se resolve sob os cânones de uma sistematização já estabelecida; nem mesmo os que passam por cima dela, enfrentando investigações de maior alcance, se afastam dessa linha de conduta, na qual, como dissemos, para nada conta a própria vida interna, cheia de possibilidades, por ser ela considerada, talvez, campo proibido para as habilidades do talento. Pelas razões expostas, aceitar-se-á que a especulação não tenha lugar nas investigações sobre o próprio mundo interno.

A segunda atitude, que denominamos vital, assume verdadeira importância e caráter neste gênero de investigações. As compreensões obtidas por meio de meditados estudos são nela experimentadas mediante sua aplicação ao processo interno de evolução consciente, pois as revelações transcendentais da concepção logosófica devem ser assimiladas, e a absorção de sua essência tem de ser plena, para satisfazer às exigências do espírito. Isto exige dedicação e esforço, mas não deixa de ser amplamente compensado com os resultados, que representam vantagens enormes no encaminhamento definitivo das aspirações humanas, em direção às douradas metas da perfeição e da sabedoria.

3

Nova rota para a realização da vida
e destino do homem.

Importância das defesas mentais
na preservação e condução da vida.

Desde tempos remotos, vimos escutando a voz
de milhões de consciências clamar pelo esclarecimento
de suas dúvidas. Esquadrinhando com aguda penetra-
ção os vaivéns e alternativas do movimento histórico
ao longo das épocas, de um lado encontramos as aspirações humanas num constante anseio de respostas e,
de outro, o esforço às vezes desmedido dos filósofos e
pensadores por satisfazê-las. A era atual, caracterizada
desde os seus primórdios pelas chamadas lutas do espírito, que chegaram aos extremos do encarniçamento e
depois derivaram para uma pugna de idealismos, teorias
e crenças, ainda não nos ofereceu – já o dissemos – nada
de concreto a respeito do grande enigma da vida.

A Logosofia, como ciência da sabedoria, proclama
o achado das chaves que o decifram. Desde que se

deu a conhecer, traçou sua rota e dela não se afastou um ápice ao longo de todo esse tempo intensa e fecundamente vivido. Ninguém pôde dizer que conhecia essa rota, ainda que admitamos que se tenha tido dela uma vaga ideia. A verdade é que só agora, e graças ao método logosófico – que não apenas assinala seu itinerário, mas também ensina a percorrê-lo em toda a sua extensão –, constitui ela uma completa realidade. Desnecessário seria dizer que, durante seu simbólico percurso, é facultado ao homem avaliar e admirar as maravilhosas criações éticas e estéticas da concepção logosófica.

Ao fixar sua posição diante das grandes questões que no curso dos séculos foram apresentadas à inteligência humana – Deus, o Universo, as leis universais, os processos da Criação, o homem e seu destino –, a Logosofia já deixou expressa sua palavra, concretizada em verdades de absoluta certeza e comprovação.

Ela abre as portas do pequeno, porém vasto mundo interno – o paradoxo é aparente –, guiando o entendimento do homem para que descubra as riquezas nele acumuladas. Sonho de séculos convertido em realidade por obra destes conhecimentos que colocam a mente humana em frente de si mesma, para que se estude e se compreenda; para que saiba qual é a causa do drama que afligiu sua vida; e para que se inteire, de uma vez por todas, de como nascem, de onde vêm, como vivem, se movem, se multiplicam, reagem e morrem os pensamentos que ela abriga.

Devido ao abandono em que tem vivido durante séculos em relação aos conhecimentos que haveriam de auxiliá-lo, o homem é um indefeso mental, cuja precária lucidez intelectual o impede de discernir e descobrir o mal justamente ali onde se apresenta revestido de todas as aparências do bem; e já sabemos em que medida o fácil, o cômodo e as promessas deslumbrantes enganam até mesmo o mais astuto. O que menos se pensa nesses casos é que não se pode descobrir em instantes aquilo que deve ser fruto do esforço e da dedicação honrosa da vontade individual. Por fim, termina-se nos mais terríveis desenganos, no desespero ou na encruzilhada sem escapatória da delinquência.

Quando se contempla o espetáculo da ignorância humana ao longo dos tempos, pode-se com razão admitir que o homem, no tocante à sua vida mental, tem padecido um rude nomadismo, um constante vagar de uma ideia a outra, caindo com frequência aprisionado na teia dos pensamentos de grupos ou ideologias predominantes em cada época. Esta observação não se aplica, como é lógico, àqueles que souberam manter-se livres em meio às opressões e tiranias mentais que, às vezes, obscurecem até os espíritos mais bem prevenidos.

É inquestionável que as pessoas de saber têm maior número de defesas mentais que as medíocres e as ignorantes; porém, a preservação de uns poucos contra as argúcias do mundo implica acaso proteção para os demais? Eis aqui algo em que ninguém tem reparado, se nos atemos à persistente carência desses elementos de defesa. Não basta que os menos pretendam orientar os mais, afetados pelas diversas formas que assume a confusão reinante, pois isso seria de todo insuficiente diante do impulso das correntes ideológicas extremadas, as quais adquirem, em muitos casos, o caráter de verdadeiras epidemias mentais. Tampouco teria eco, no ânimo atormentado de um dos tantos milhões de seres que habitam o mundo, o raciocínio que os mais capacitados desejassem fazer-lhe. Não; não é disso que o homem necessita com urgência para amparar-se contra as tremendas comoções psíquicas, sociais e até morais que, com frequência, fazem estremecer os próprios alicerces da sociedade humana. Cada homem necessita criar suas próprias defesas mentais. Como? Adotando a posição inabalável que o faça invulnerável à influência de qualquer pensamento sugestionador que tente subjugá-lo ou intimidá-lo.

Feito o processo de conhecimento do sistema mental – que funciona em cada indivíduo e do qual nos ocuparemos em outro capítulo – e realizado também o processo seletivo dos pensamentos, tal como indicamos em nosso ensinamento, o ente humano se haverá capacitado para ser o dono absoluto de seu campo mental, sem se expor, como antes, à dominação dos pensamentos alheios que, inevitavelmente, causavam séria perturbação em sua vida. Já não o surpreenderão as notícias difundidas com o objetivo de alarmar e perturbar, nem será surpreendido tampouco pelas ideias extraviadas dos ressentidos sociais, nem dos que buscam prosélitos para estender suas ideologias com pretensões de dominação mundial, pois o homem que controla sua mente dificilmente poderá ser burlado ou influenciado por essa classe de pensamentos.

Quando o homem compreende que seus pensamentos e ideias não são os veículos por meio dos quais se manifestam o pensar e o sentir humanos, como efetivamente deveria acontecer, e sim que os homens mesmos se converteram – salvo exceções – em veículos dos pensamentos e ideias que povoam os ambientes, sua atitude mais lógica, prudente e razoável deve ser a de pôr-se em guarda contra os perigos dessa subversão dos valores essenciais do indivíduo. Acaso não temos visto corroborada essa subversão nas últimas décadas? Não a estamos vendo, ainda hoje, em países onde governam regimes totalitários, convertendo os homens em dóceis instrumentos de ideias extremistas e de pensamentos dissolventes, que os incitam a percorrer o mundo para apregoá-los, como meros autômatos sem alma e sem sentimentos?

Queira-se ou não, a falta de conhecimentos que signifiquem a adoção de uma conduta segura e inflexível nesse particular é a causa do mal-estar reinante, da desorientação e da incerteza acerca do futuro da sociedade humana.

Ao encarar os problemas da vida tem sido preocupação básica da Logosofia esta questão das defesas mentais, por entender que é vitalíssima e porque o mal assume uma gravidade tal, que é de todo necessário tratá-lo clinicamente – digamos – em seu próprio foco de perturbação, em sua raiz e em sua causa. Somos inimigos dos paliativos, que apenas contemplam as circunstâncias, e com os quais trata-se unicamente de atenuar a dor. Eles não curam o mal, como o exige a saúde moral e psicológica da humanidade.

As defesas mentais surgem iluminando a inteligência quando quem deseja conservar intacta sua individualidade, como entidade consciente, aprende a diferençar os dois setores em que a família humana se divide: o dos que são donos de seus pensamentos e governam suas vidas sob os ditames das próprias inspirações, e o daqueles que são vulgares serviçais dos pensamentos que arrastam o indivíduo como autômato – repetimos – pelas sinuosas sendas do erro, do desvio e da infração das leis penais e humanas. Resumindo, ditas defesas surgem espontaneamente como resultado da vida consciente.

Não se deverá esquecer que as debilidades humanas contribuem para tornar mais crítica a vulnerabilidade mental. Impõe-se, pois, o fortalecimento da vida, alertando os pensamentos que obedecem a convicções conscientes e profundas, para que constituam uma muralha intransponível, protegendo-se daqueles outros que atentam contra a paz e a segurança internas. É necessário adestrar-se no exercício dessas atitudes, que a vontade haverá de reforçar em cada caso, a fim de poder ampliar, sem limitações, o campo da liberdade individual; dizemos isso porque a posse do domínio das situações significa uma verdadeira liberação, quando é conseguida sob os auspícios insubstituíveis da confiança em si mesmo, ou seja, das próprias defesas mentais.

4

Causa primeira ou criação do cosmo.

A lei de evolução gravitando
no processo de superação consciente.

Referência aos processos da Criação.

Ao tratar neste capítulo de algumas partes da Cosmogênese – concepção logosófica do Universo –, devemos esclarecer que o faremos vinculando o criado, seja o que for, à natureza humana em suas mais elevadas expressões do pensar e sentir. Desse ponto de vista deverá ser medida sua originalidade.

Ao estabelecer que a ideia da criação universal se plasmou na mente de Deus por um ato espontâneo de Sua Vontade, a Logosofia quer dar a entender que a Mente Divina, o espaço mental de onde surgiu o cosmo, é a causa primeira. O Verbo não podia manifestar-se senão depois da concepção, como principal efeito; e atuou por império da mesma Vontade Suprema. O Verbo é, pois, o efeito, não a causa, e adquire volume por força da lei que o manifesta.

Na proporção que em honra nos cabe como súditos dessa Criação, é-nos dado produzir fatos semelhantes, dentro das possibilidades de nossa mente e de nosso verbo. A mente humana é um fragmento da mente universal; uma consequência ou derivação da grande causa original ou mente cósmica, e causa primeira do homem. Ela possui o poder criador da mente de Deus; e o possui de conformidade com seu desenvolvimento, o que equivale a dizer que o homem pode alcançar, por meio da evolução, as altas prerrogativas desse poder em sua função criadora. Esta concepção traduz a imagem desse poder, ou seja, a sabedoria.

Já dissemos, em outras oportunidades, que o homem carente de saber não é nada nem ninguém. É apenas um zero no espaço e, como tal, não representa valor algum. A mais elevada prerrogativa do homem é, pois, o saber, e deve ser também a aspiração máxima do seu espírito.

As ideias-mãe ou concepções superiores que iluminam o caminho das grandes explicações, sempre buscadas pela inteligência humana, só acorrem às mentes capazes de assimilá-las. Associada essa imagem ao que antes foi expressado sobre a causa primeira do homem, temos a mente humana, fragmento da mente universal, elevada ao máximo na concessão de seus atributos.

No rigor da verdade, a causa primeira da vida do homem, ou melhor ainda, de seu ser consciente – psicológica e espiritualmente falando –, é sua mente. Ao dizer isso, queremos assinalar que a mente é o único meio usado pelo espírito para suas manifestações inteligentes.

A Criação foi estruturada sobre a base de sistemas e dispositivos cósmicos que respondem totalmente à suprema inteligência de Deus. Nela está plasmada a vida universal do Criador. A Vontade Cósmica se articula com absoluto equilíbrio e harmonia em todos os movimentos que se realizam em sua incessante atividade. Esses movimentos são um constante convite à inteligência do homem para que descubra neles os segredos e o porquê da própria evolução rumo a seu altíssimo reino. Na contemplação, observação, meditação e estudo de cada uma das maravilhas dessa Criação, podemos assimilar a parte de essência que corresponde à nossa vida psíquica, ou seja, à vida de nosso espírito.

Admitir-se-á que, sendo a concepção de Deus única e inabarcável em virtude de seus ilimitados contornos cósmicos, cada ser humano deva realizá-la dentro de si na medida em que seus conhecimentos lhe permitam aproximar-se de sua Grande Imagem, compreendendo, até onde lhe seja também possível, a grandeza de sua incomensurável Sabedoria.

Deus não é nem jamais pôde ser o vingador implacável que lança as almas ao inferno para sua desintegração definitiva, nem tampouco o pretendido Senhor Todo-Poderoso desta ou daquela religião. Crer em semelhante utopia é negar implicitamente sua Onipresença, Onipotência e Onisciência.

Dentro da grande estrutura cósmica, e como uma expressão cabal e absoluta do Pensamento Supremo, aparecem configuradas em suas respectivas jurisdições as Leis Universais, regulando e regendo a vida cósmica tanto quanto a humana. Entre as mais direta e estreitamente vinculadas ao homem, citaremos as de Evolução, Causa e Efeito, Movimento, Mudança,

Herança, Tempo, Correspondência, Caridade, Lógica e Adaptação. Fizemos este enunciado apenas com o objetivo de determinar as leis que a Logosofia se propõe a descrever e aprofundar em tratados de fundo. Não obstante, dedicaremos alguns parágrafos à Lei de Evolução, cujo grande objetivo é reger todos os processos da Criação, inclusive o que o homem realiza inconscientemente. Assume esta lei importância especial, quando é aplicada de forma consciente à própria evolução, isto é, quando se tem pleno conhecimento de sua virtude transformadora. É muito provável que nossas palavras suscitem esta indagação: Por acaso não evoluem conscientemente todos os seres que se preocupam em melhorar sua situação física e espiritual? Isso nada mais é que um mergulho na superfície, respondemos. A evolução consciente começa, em nosso conceito, com o processo que conduz o homem ao conhecimento de si mesmo. Estamos falando da evolução ativa, fecunda e positiva; não da lenta e passiva, que arrasta os seres humanos para um destino comum.

Só conhecendo nossa organização psicológica e mental poderemos dirigir com acerto nosso processo de evolução. O esforço na intensificação desse conhecimento nos conduzirá ao melhor aproveitamento das energias e ao aguçamento de nossa percepção interna, uma vez que nenhum aspecto ou detalhe da vida interior haverá de passar inadvertido à observação perseverante e consciente. Isto nos ajudará a aperfeiçoar tudo o que exista de aperfeiçoável em nós, o que implicará, além de um maior acúmulo de conhecimentos, um avanço real na evolução. Numa palavra, a lei nos permitirá superar ao máximo os meios para realizar, no menor tempo possível, o grande processo consciente da vida.

Para dar maior clareza a nossas palavras, utilizaremos esta imagem: suponhamos que nos vemos precisados a percorrer uma distância de mil quilômetros. Em tempos remotos essa distância se fazia a pé ou não se fazia; depois se apelou para o cavalo, o camelo, etc.; mais tarde para a carroça e a carruagem, e, avançando o tempo, para o trem de ferro e o automóvel; ultimamente se utiliza o avião. Se pensarmos que essa mesma distância é um dos tantos trechos de nossa evolução, concluiremos que, aperfeiçoando os meios, chegaremos ao final de seu percurso em muito menos tempo do que necessitaria aquele que usasse, por qualquer motivo, meios antiquados ou precários.

Os processos da Criação se pronunciam seguindo uma ordem perfeita, tanto em suas manifestações visíveis como nas invisíveis, de modo que, obedecendo ao Plano Supremo preexistente, eles se cumprem com maravilhosa exatidão. Desde a nebulosa até o planeta, e desde os alvores do mundo até os nossos dias, a Terra, com sua atmosfera e seus mares, teve de cumprir processos de adaptação à vida animada, como teve também o homem de cumpri-los em sua adaptação às necessidades de uma civilização cada vez mais avançada. Esses processos da Criação, estudados do ângulo das projeções humanas, e para a própria orientação do indivíduo, oferecem possibilidades inimagináveis na aplicação do método logosófico ao processo de evolução consciente. Não escapará a um bom discernimento que este processo há de guardar uma relação muito estreita com aqueles, e que deverá ser cumprido com o concurso indispensável de conhecimentos que levem rigorosamente a esse fim.

A criação do homem requereu, é indubitável, a reunião de inúmeros detalhes, cada qual mais importante, para que o ente humano, situado em posição superior à dos demais seres viventes, dispusesse de todas as facilidades que possam ser dadas a uma criatura dotada de inteligência, sentimentos e vontade. O desconhecimento da enorme quantidade de elementos que o completam em sua complexa estruturação mental, psicológica e espiritual, tem sido e é causa dos maiores dissabores e angústias por ele sofridos. É que a pretensão científica o levou sempre a estudar em outros o que ele deveria ter procurado descobrir dentro de seu mundo interno. Essa cômoda posição de filosofar sobre os semelhantes, sem se preocupar em inquirir seriamente a respeito de quanto ocorre em cada recanto do seu próprio ser pensante e sensível, interpôs uma espessa cortina de fumaça entre as possibilidades e os anelos humanos de superação. A veleidade, apossada da vida do homem, tem reprimido todos os seus nobres impulsos de aperfeiçoamento individual; aperfeiçoamento que inclui, necessariamente, o conhecimento de si mesmo, apregoado pelo ilustre grego, que agora a sabedoria logosófica ensina a realizar, guiando o homem pelo verdadeiro caminho experimental exigido para sua obtenção. Fica, pois, estabelecido que o que até aqui se manteve no plano do abstrato, o que permaneceu inacessível à aspiração humana, é hoje uma realidade inteiramente alcançável.

5

Noções que preparam a investigação interna.

Vida e destino do homem.

O homem, sua vida e seu destino são questões que têm merecido toda a atenção de nossa parte. A concepção logosófica a respeito é de uma amplitude e clareza que resiste à análise e responde à objeção com toda a força de sua lógica. Ante seus rochedos invulneráveis e irremovíveis, as ondas da crítica se tornam mansas, e mais de uma vez temos visto as águas densas do ímpeto se transformarem em branca espuma, após o choque com a realidade que as detém.

Ao falar aqui do homem, vamos nos referir ao protótipo real do indivíduo, ao ser inteligente e espiritual que busca a gravitação de sua consciência em tudo o que pensa e faz; uma gravitação que haverá de fazer-se efetiva quando o conhecimento de si mesmo for um fato positivo e evidente nele. Há aqueles que pensam havê-la obtido por meio das disciplinas seguidas em outros estudos, ao ampliar, por exemplo, sua visão nos campos da ciência, da filosofia ou da arte. Entretanto, e sem que isso represente menoscabo algum de seus pontos de vista, vamos propor-lhes um cotejo a fundo daquelas com as disciplinas e o método de nossa ciência, que expomos nestas páginas, de forma concisa e clara, mais para dar uma ideia cabal dos fundamentos de sua concepção do que com o intuito de especificar, linha por linha e ponto por ponto, a diversidade de seus conteúdos que reservamos para próximas obras.

Deus nos deu um ser dotado de todas as condições necessárias para que façamos dele uma obra-prima, graças ao constante aperfeiçoamento dessas condições; aperfeiçoamento cuja obtenção requer o auxílio de conhecimentos que conduzam a inteligência ao descobrimento de cada uma das facetas desse maravilhoso diamante interno que todos possuímos, e que só brilha quando o polimos com consciência de seu imenso valor. Não discutiremos que isto seja coisa sabida pelos que atuam nas seletas esferas do pensamento, mas ainda não tivemos notícia de que alguém tenha instituído um método eficaz e seguro para guiar o semelhante até o ponto onde se encontra esse diamante e, muito menos, que tenha ensinado como ele deve ser polido. Teria chegado a tanto o egoísmo humano, ou será que devemos admitir, com sinceridade, que houve algo de miragem nos que pensaram tê-lo encontrado?

Essa joia da natureza humana se acha sepultada nas próprias entranhas do ser, coberta e recoberta por camadas protetoras, à semelhança do mineral que se transforma em pedra preciosa; o único que não pode ser lapidado senão com o próprio pó; o mais límpido de todos, que não pode ser riscado por nenhum corpo, e cujas arestas cortam o cristal sem quebrá-lo.

Não se trata, pois, de realizar uma simples viagem exploratória dentro de si mesmo, sem outra preparação que a audácia pessoal, porque se erraria o caminho após pouco andar. É imprescindível estudar previamente a topografia do campo psicológico individual, e para isso, com o objetivo de não se equivocar quanto à planimetria e ao nivelamento do terreno, a Logosofia assinala suas partes mais acidentadas e mostra as passagens difíceis, proporcionando os respectivos elementos para transpô-las com êxito. Disto nos damos conta quando falamos dos pensamentos, das deficiências, etc.

Embora o uso de tais elementos seja fator determinante nessa realização, também desempenham nela um papel muito especial as energias internas inteligentemente utilizadas. É essencial que o homem saiba que é um acumulador de energias por excelência, tal como o prova sua constituição física, mental e psicológica, e que pode servir-se delas na aplicação de seus esforços ao próprio aperfeiçoamento, sem gastá-las; melhor ainda, aumentando-as com esse procedimento. A Logosofia ensina a acumular e concentrar essas energias destinadas a fortalecer o espírito e a promover o ressurgimento do ser consciente em esferas superiores de evolução. O contrário do que faz a maioria, que só acumula essa potência dinâmica na medida necessária para viver e vegetar, e, quando excede essa necessidade, gasta as reservas em preocupações, especulações, ou em diversões de toda índole, que em nada beneficiam o ente real, o ser íntimo, que clama por existir e governar seu mundo mental-psicológico, em consonância com o grande objetivo de sua existência.

Para o comum dos homens, a vida é o espaço compreendido entre o primeiro e o último dia de seu ser físico. Pertence-lhes exclusivamente e podem, portanto, fazer dela o que lhes apraz. Isto é tão sabido como certo; o indivíduo que assim pensa, porém, conhece todos os usos que pode fazer dessa grande oportunidade humana? Mais de uma vez não o temos visto deplorar, entristecido, o tempo que sem proveito lhe fugiu com a vida? Não o temos visto insatisfeito e desconforme com a existência que levou? E não tem ele atribuído à má sorte seus padecimentos e infortúnios? Pois bem, que solução lhe foi oferecida para desfrutá-la em seus amplos e elevados conteúdos? Reconheçamos honestamente que os ensaios filosóficos e as tentativas de outras ordens foram insuficientes; mais ainda: em muitos casos, levaram à confusão e, daí, à decepção.

A vida é um espelho onde se reflete o que o ser pensa e faz, ou o que os pensamentos próprios ou alheios o levam a fazer.

As almas que não se cultivam apresentam o triste quadro de uma vida desolada, vazia e obscura; as que o fazem preenchem, não há dúvida, certas necessidades internas, mas distam ainda muito de alcançar seus apreciáveis valores. Estamos nos referindo à vida comum.

No mundo da concepção logosófica, a vida adquire um sentido superior em todos os aspectos em que se configura. Diferentemente da primeira, que se vive fora, pois suas preferências e preocupações são externas, a vida animada pelo espírito logosófico é vivida internamente e num volume maior. Daí que os fatos que assinalam as diversas etapas do conhecimento de si mesmo deem lugar a tão intensas e profundas sensações estéticas, de relevos tais que a arte não ousaria reproduzir.

Não bastam, pois, nem a prática de princípios nobres e piedosos, nem todas as variações do engenho humano, para viver a vida na plenitude de sua força renovadora e no cumprimento dos altos objetivos de bem para os quais foi ela instituída. A verdadeira felicidade de viver se encontra quando vão sendo conhecidos os extraordinários e maravilhosos recursos que ela contém; ou seja, ao se conhecê-la por dentro, são descobertas suas ignoradas possibilidades e suas luminosas projeções.

Transformado o ser – psicológica e espiritualmente – pelo influxo de conhecimentos tão essenciais para seu aperfeiçoamento, também seu destino se delineia com outros contornos e oferece perspectivas de qualidade muito superior às que esperam o indivíduo que permanece alheio a estas verdades. Esse destino que cada um pode forjar depende muito da realização interna e do avanço no conhecimento de si próprio. É, por conseguinte, o próprio ser quem voluntariamente pode mudar seu destino por outro melhor, quando sua inteligência se esclarece e busca outros horizontes em que possa expandir sua vida, elevando-a por cima de toda limitação. Esse destino é o patrimônio espiritual do homem; o arcano inviolável que contém impresso o processo secreto de sua existência.

Diremos, por último, que é deficiência comum do temperamento humano a carência de iniciativa própria. A inércia mental, consequência da inatividade da função de pensar, mantém adormecida a capacidade criadora da inteligência. Correlativamente, e por natural gravitação, aparece a falta de estímulos. Aqui é onde se observa o precário estado psicológico de muitos que, sem saber definir o que lhes sucede, nem a que atribuir o estancamento em que vivem, passam seus dias e amontoam seus anos numa infecunda velhice. Faltos de condições para abrir seus entendimentos ao exame das experiências e situações, sem o incentivo das ideias, nada que não sejam os caprichos da sorte poderá favorecer o movimento feliz de seus pensamentos.

O conhecimento logosófico edifica e impulsiona ao mesmo tempo os afãs de capacitação. Fundamenta-se na realidade da vida humana e de tudo quanto existe, e ensina a conduzir o pensamento por caminhos seguros. Como ensinamento, desperta o entusiasmo e, ao mesmo tempo que orienta o entendimento, proporciona sugestões que são captadas pela mente e que a inteligência traduz em iniciativas. Eis aí a grande virtude comprovada por quantos dedicam parte de seu tempo à leitura, observação e estudo de nossa ciência.

O homem deve ir sempre em busca daquilo que não está na órbita dos conhecimentos comuns, a fim de dilatar a vida rumo a campos fecundos, os quais, dominados pelo saber e pela experiência, lhe permitam alcançar progressivamente maior perfeição. Em cada novo dia em que sua vida penetre, deverá encontrar um incentivo para aproveitá-la melhor, e também algo que o inspire acerca do que deve fazer para que os dias vindouros superem os atuais e lhe proporcionem, ao serem vividos, o benefício de sentir-se bem, seguro e feliz.

6

Três zonas acessíveis ao homem:
interna, circundante e transcendente.

O ensinamento logosófico abre à investigação, à meditação e ao conhecimento do homem três imensas zonas perfeitamente delimitadas. Talvez se entenda melhor se dissermos que essas três zonas existem e estão abertas a suas possibilidades, mas são pouco menos que inacessíveis para ele, pela ignorância em que permanece a respeito delas. A primeira pertence por inteiro ao mundo interno, em sua maior parte inexplorado, do qual só temos as vagas referências ou as alusões imprecisas dos que acreditaram haver penetrado nele. A experiência logosófica já demonstrou que se requer muita perícia para conhecê-lo e dominá-lo em todas as suas nuanças e complexidades. É o mundo dos pensamentos enquanto mantidos sem se manifestar fora da mente, ainda que atuando ativamente, seja a serviço da inteligência, seja com toda a autonomia; é também o mundo dos sentimentos, com os quais convivemos em íntimo colóquio, tal como ocorre com os pensamentos; o mundo das sensações de alegria e prazer, de sofrimento e de dor, que são experimentadas nas múltiplas variações da vida; o das reações positivas e negativas, que surgem como consequência das atitudes do semelhante ou de fatos que afetam o ânimo, as convicções, as ideias, o próprio conceito, etc.; e é, em definitivo, o mundo de todos os movimentos e atos da vontade conscientemente dirigidos para a finalidade primordial da vida, expressa na realização máxima de suas possibilidades de perfeição.

A segunda zona pertence ao mundo circundante, onde intervém o fator familiar, social e geral, e nele o ser, adestrado logosoficamente, desenvolve suas atividades comuns e confronta, em árdua e nobre luta, seus conhecimentos com os daqueles que atuam no meio ao qual está vinculado acidental ou permanentemente. Para exercício e prática da conduta que se vê necessitado a desenvolver em função do dito adestramento, se lhe apresentam ali as mais curiosas circunstâncias, das quais recolhe valiosíssimos elementos para observação e superação individual. E se tais circunstâncias às vezes põem o logósofo diante do semelhante que, surpreendido em sua intenção, fica confundido pela serena segurança com que ele lhe expressa seu pensamento (pensamento próprio), também se promovem as situações em que ambas as partes, de inteligência cultivada, se equiparam no domínio que têm da cultura, só cabendo nelas o entendimento que aproxima e vincula os espíritos em relacionamentos de amizade geralmente duradouros.

E chegamos à terceira dessas zonas: o mundo metafísico, transcendente ou causal, onde o homem, guiado sempre pelo conhecimento, encontra a justificação de tudo o que antes lhe fora incompreensível e descobre os vastos desenvolvimentos do espírito, em conexão direta com a evolução consciente de seu próprio ser. É o mundo mental, o mundo imaterial, que preenche todos os espaços do Universo e interpenetra até a mais ínfima partícula ultrassensivel. Povoado de imagens maravilhosas que descobrem até os mais raros processos da Criação é, ainda que invisível para os olhos, a mais perfeita das realidades existentes. Tudo ali se acha intacto em sua concepção original; nenhum elemento corruptível das outras duas zonas ou mundos pode lesar a imaculada pureza de suas diáfanas, múltiplas e prodigiosas manifestações.

Depreende-se do exposto que o ente humano comum só conhece o mundo circundante, e mesmo assim o conhece mal, causa inquestionável de suas limitações, carências e infortúnios, ao passo que o ente evoluído conhece os três mundos e pode viver neles porque sua inteligência atua nos três com brilhantismo. O homem deve, pois, preparar o espírito depurando sua mente, iluminando sua inteligência e enriquecendo sua consciência com os conhecimentos que, vinculando-o a essas três zonas, lhe permitam alternar nelas sem dificuldade, com sabedoria, honestidade e limpeza moral.

O leitor poderá deduzir de nossas palavras a importância que nossos conhecimentos têm para a vida do ser humano, ao guiá-lo pelas escuras estepes da ignorância, até alcançar finalmente os férteis vales dos conhecimentos causais.

Ao iluminar-se a inteligência, por efeito de seu contato direto com este novo gênero de verdades, a consciência é comovida profundamente; as peças que deveriam manter flexível e elástica a atividade consciente, e que se acham oxidadas pelo desuso, são substituídas, e outras novas, de maior resistência, tomam seu lugar; o mundo metafísico deixa de ser uma ficção e se apresenta como uma realidade tão mais consistente e verdadeira do que a física. Nele, onde se internará já em perfeito uso da razão e da consciência, se poderá compreender tudo o que era antes incompreensível ou permanecia em obstinada e impenetrável nebulosa.

Cada coisa requer rigorosamente uma preparação. A natureza não dá saltos; a do homem tampouco deve fazê-lo. Alcançar a conquista do ignoto é matéria de um processo de evolução conscientemente realizado, que permite obter, à medida que se vá cumprindo, as compreensões e conhecimentos necessários para levar adiante esse empenho.

7

Método logosófico.

Aspectos de sua aplicação
ao processo de evolução consciente.

O método logosófico se configura com caracteres próprios, tanto em sua força construtiva como em sua aplicação. Seu ensaio começa a portas fechadas, isto é, no interior do ser humano, onde a reserva é absoluta. Não nos referimos à forma de usar o método, que haverá de requerer imprescindivelmente o auxílio do preceptor, mas sim aos episódios íntimos que comovem a sensibilidade, ao mesmo tempo que se produzem as mudanças saudáveis do pensar e do sentir, sinal inconfundível da eficiência com que foi empregado.

No processo de evolução integral consciente, o método é uma instituição que prescreve as normas a seguir, desde que não se violem seus claros e imodificáveis preceitos. Adotá-lo é dispor-se a mudar conceitos já gastos e extirpar raízes nocivas, de há muito consentidas, abrindo caminho na vida interna à corrente renovadora do pensamento logosófico.

A Logosofia poderá ser explicada de mil maneiras diferentes e entendida de outras mil, também diferentes, mas, se não for experimentada e confirmada pelo próprio indivíduo, de acordo com seu método, não haverá consciência do saber que se obtém, e se permanecerá tão alheio como antes à realidade que é revelada à inteligência por esta incomparável concepção do homem, de sua organização psíquica e mental aperfeiçoável, e da vida humana em suas mais amplas possibilidades e dimensões.

Nosso método é tão extraordinário que opera em cada indivíduo segundo seu grau de evolução e sua configuração psicológica, e é, além disso, tão construtivo que, quanto mais a fundo é usado, com mais precisos caracteres aparecem à observação as modificações que ele promove nas posições internas, tudo o que acontece enquanto atua também como incentivo, favorecendo em sumo grau a superação dos estados de consciência.

Indubitavelmente a Logosofia não resolve com fórmulas mágicas os problemas criados pelas diferentes situações da vida, nem destrói por esse meio os escolhos morais e psicológicos da imperfeição, já que, se isso fosse possível, se invalidaria o esforço consciente que o homem deve realizar para esclarecimento e eliminação deles; ela proporciona, porém – e isto é o que vale –, os elementos que propiciam aquilo que cada um deve fazer para conseguir esse fim. Dessa construtiva experiência, a inteligência e a vontade do ser saem fortalecidas. Na medida em que se exercita em tão importantíssima função do juízo, sente ele dentro de si o influxo de uma força edificante, que se traduz numa capacidade maior de resolver e de atuar, concorde com as justas solicitações do entendimento superado. Daí que tenhamos dito, há alguns instantes, que a adaptação aos imperativos do processo a que o homem é conduzido pelo método logosófico atua como incentivo, auspiciando permanentemente a superação da consciência.

Os ensinamentos são ministrados aos cultores deste novo saber em abundância e sem aparente ordem. O próprio método leva a achar neles os elementos que os unem e articulam em poderosos conhecimentos. Isto é possível porque eles se entrelaçam em sua totalidade, de modo que a verdade em que se fundamentam assoma e se manifesta em cada um dos pontos tratados.

É fato comprovado a adaptação do ensinamento logosófico a todos os estados psicológicos e temperamentais, assim como aos diferentes graus de cultura que cada um mostra possuir. A ninguém está vedado seu estudo e experimentação, desde que se tenha presente que, pela primeira vez, se encara uma realidade de tão vigorosa contextura, capaz de cumprir, de forma elevada e com força incomparável, a tarefa de reconstruir a vida sobre a inabalável base do autoconhecimento.

Os conhecimentos logosóficos são forças centrípetas que atuam no mundo interno do ser atendendo a solicitações do processo de evolução consciente, que começa desde que o postulante decide, com firme resolução, constituir-se no próprio campo experimental como meio eficaz e seguro de comprovar, passo a passo e experiência após experiência, as sucessivas transformações que se vão operando em seu ser, numa surpreendente superação moral e psicológica; isso equivale a dizer que, desde o início desse processo, ocorrem os reajustamentos que fazem a inteligência mais consciente e poderosa no governo de suas faculdades e na consequente fiscalização dos pensamentos.

Como é natural, essa reativação das energias internas encontra a mais ampla correspondência por parte do logósofo, que se adapta de bom grado às necessidades reclamadas pela nova reordenação de sua vida e pela missão a que deve destiná-la. Sua progressiva formação demandará – é lógico – uma esmerada, profunda e prática preparação do espírito. É este o mais sério e valioso dos trabalhos que se possam imaginar a respeito do conhecimento de si mesmo.

Prevendo as contingências do esforço que deve ser realizado, a Logosofia dispôs, ao longo de todo o caminho a percorrer, uma cadeia de formosíssimos estímulos, que alentam a vida extraordinariamente, a qual ampara o ser – propenso ainda às sugestões da novidade – contra as ficções, as miragens e as seduções do meio exterior.

Ao aprofundar sua investigação no mundo da concepção logosófica, o homem percebe o contraste que os pensamentos mostram ali ao seu entendimento. Enquanto os pensamentos comuns alojados em sua mente permanecem agrupados em conjuntos heterogêneos e discordes, sem acatar diretiva alguma da consciência, os que respondem à nova concepção se articulam em colaboração recíproca, obedecendo ao plano que tem por objetivo a evolução do espírito. Isto costuma dar lugar a duras contendas mentais que, ao se resolverem de forma favorável, levam no final aos emocionantes momentos em que todos os atos, pensamentos e palavras, estreitamente vinculados na mesma atividade, aparecem convergindo em recônditas aspirações de aperfeiçoamento. A saudável limpeza realizada evitará cair, daí em diante, em estados críticos de desorientação, desesperança, etc.

Os pensamentos são, para a Logosofia, os agentes essenciais da existência humana. Superados, convertem-se em verdadeiras potências do espírito. Havendo consciência disso, não perigarão jamais o equilíbrio nem a estabilidade psicológica do indivíduo que, defendido dos desagradáveis enredos próprios dos estados mentais inferiores, saberá também esgrimir melhor suas defesas contra o complicado jogo dos pensamentos que povoam os ambientes que frequente, sem temer os perigosos enlaces com as ideias enganosas e os pensamentos vulgares.

Focalizemos agora o complexo psicológico do ser humano, ainda alheio às reformas que o processo de evolução consciente pode promover nele. Esse complexo se caracteriza por uma série de conflitos internos que ninguém tem sabido explicar. A luta do homem em tais condições se reflete nas profundas preocupações que com frequência o embargam. Desde os dias da infância até os de sua velhice, debate-se num mar de contradições, sem saber com certeza onde está o verdadeiro e onde o falso. A vida é para ele uma perpétua interrogação; e, se interrompe a busca de conhecimentos, submerge-se na penumbra, ligando-se à vida vegetal pela imobilidade de suas faculdades ou, melhor dizendo, de seu entendimento superior, quando não à vida animal, pela semelhança que alcança com essa espécie quanto à indolência, à indiferença ou ao parasitismo de suas funções mentais. Uma grande porção destes seres, mesmo quando não sabem com certeza para onde dirigir seus passos, sentem dentro de si uma inquietude que os impele a prosperar nas ordens conhecidas da vida. Encaminham em princípio seus objetivos para a conquista de situações folgadas no aspecto econômico e social, sendo escassíssimo o número dos que, vislumbrando ou intuindo possibilidades maiores para seu entendimento, elevam com tal critério suas aspirações em busca de outros destinos.

Observando-os, vemos também que seu mecanismo mental está regulado para o desenvolvimento de um número determinado de atividades; precisamente as que atendem a suas necessidades habituais. É inegável que existe neles uma limitação, uma rotina, dentro da qual costumam organizar a vida. Entendimento, razão, inteligência e tudo quanto forma a engrenagem mental está ali condicionado a um gênero de reflexões das quais pareceria não poder afastar-se sem perigo de sucumbir. A razão intervém nesses casos, atuando na medida em que o entendimento o permite, pois não tendo sido cultivada a inteligência, o produto do raciocínio nem sempre ultrapassa a compreensão incipiente, própria da mediocridade.

A evolução consciente que o método logosófico propugna – a cuja lei nos referimos nesta obra e em múltiplas publicações, estendendo-nos sobre sua transcendência –, contempla essa situação particular de limitação no alcance mental e intelectual que caracteriza a psicologia humana em sua expressão comum, e dirige suas luzes para o desenvolvimento das faculdades que se resumem na inteligência, a fim de que o ente humano enfrente seu primeiro encontro com essa realidade e, convencido de sua impotência, resolva iniciar, com decisão e firmeza e com toda a urgência reclamada pelo tempo das horas, um amplo processo de superação. Quando isto ocorre, quando obedecendo aos ditames do método logosófico, penetra no campo da experimentação própria e toma contato com os conhecimentos que lhe abrirão as portas desse novo e complexo mundo interno – a partir do qual lhe será permitido alcançar os planos do mundo transcendente –, é lógico que experimente sucessivas transições, que exigem ser superadas com toda a regularidade. Queremos dizer que, ao mesmo tempo que o campo mental se amplia e a inteligência se ilumina, ilustrada pelo potente fulgor de verdades que se ignoravam, tudo deve mudar para o homem, e muito especialmente sua própria vida. Mudarão os conceitos das coisas, mudarão as sensações ao se manifestarem em correspondência com os novos conceitos que o entendimento tenha conseguido abarcar, mudarão as atitudes e mudará também a conduta, em resposta à exigência de compreensões cuja natureza obedece à influência das qualidades que se vão cultivando.

É de todo lógico que, ao penetrar no mundo transcendente, deva o homem atuar em concordância com os deveres que tal mundo lhe impõe, e que sua vida toda deva transformar-se, espiritualizando-se na essência do pensamento, para refletir-se na clareza da inteligência; do contrário, seria uma aparência ou uma ficção que a realidade, à qual pretendesse surpreender, descobriria e fulminaria. O indígena ou o inculto – tomemos este exemplo – que quisesse participar de nosso meio social, seria repelido pela força compacta do ambiente que nos é comum e familiar, do mesmo modo que o medíocre, indisciplinado e carente de estudo se veria impossibilitado de participar do ambiente científico, onde não encontraria mais que o vazio ou o rechaço dos que estivessem ali tratando de temas de sua especialidade.

Não se deve em absoluto confundir a evolução consciente, que implica, como deixamos expressado, uma autêntica renovação da vida, com os sucessivos vaivéns a que, em matéria de mudanças, o ser se vê obrigado pelas circunstâncias. Não é essa evolução a que força o intelectual, por exemplo, a mudar de posição ante a derrocada incessante das suposições e teorias que, a seu juízo, assumiram hierarquia. Esta nos recorda certos movimentos que se repetem indefinidamente na música. Dentro desse quadro psicológico e mental, cabe incluir igualmente os que se têm deixado cortejar por um seleto núcleo de pensamentos. Acreditam haver satisfeito assim a suas aspirações de elevação espiritual e procuram, da forma mais engenhosa, manejá-los de modo a infundir no semelhante a certeza de achar-se diante de uma sumidade intelectual. Com eles, que fecharam as portas de suas douradas mansões, a força criadora e renovadora da concepção logosófica não poderá se comunicar.

Sentimo-nos, apesar de tudo, imensamente compensados pelos que se aproximam da fonte logosófica, sem receios de nenhuma espécie, em busca dos sábios ensinamentos que dela fluem. Não é em vão que esta nova concepção da vida e do Universo vai conquistando, dia após dia, a simpatia e a adesão de grandes e pequenos; da juventude, que tanto necessita destes conhecimentos; das crianças e dos homens maduros; dos que cumprem as mais variadas atividades na ordem física e comum; do profissional e do operário.

A evolução consciente é de extraordinária importância para a vida do homem e requer, para ser realizada sem maiores entorpecimentos, uma constante vigilância de si mesmo e uma consagração – quase diríamos plena – a tudo o que diz respeito ao desenvolvimento das faculdades da inteligência e à capacitação gradual das potências internas. Nesse processo – que deve abranger por inteiro a existência, caso se aspire a culminar em progressivas etapas de realização consciente –, acontecem determinados fatos que devem ser conhecidos e tidos muito em conta, para não malograr esforços estimáveis, afãs nobres e anelos da mais alta valia e consideração.

Quem penetra no campo da realização interna, ou seja, da evolução consciente ou superação integral, há de encontrar-se em mais de uma ocasião no seguinte caso: enquanto experimenta e confirma, mediante essa experimentação, o valor inestimável de certos conhecimentos ou ensinamentos que o beneficiam e estimulam em alto grau; enquanto capta ou percebe pela sensibilidade verdades de extraordinário alcance para suas possibilidades, a razão costuma não explicar isso, e às vezes até se obstina em negá-lo, seja por não ter sido ela o conduto por onde passaram essas percepções para o mundo interno, seja por não atinar com a compreensão do porquê de tais fatos se produzirem desse modo, enquanto ela – que se supõe reitora dos atos, da vontade e do juízo – permanecia quase alheia ao acontecido na intimidade da vida do ser. Quantos existem que, depois

de experimentar a realidade de uma felicidade perce-
bida, captada, e neles incorporada pela sensibilidade, se
viram culpados e até censurados por sua própria razão,
ao manifestar-se esta de forma irredutível, intransigente
e tenaz, chegando até ao rigor? O fim perseguido não
podia ser outro que o de anular os atos admitidos pela
vontade e desfrutados pela sensibilidade, a mesma que
captou o conteúdo ou a essência do fato que a consciência aceitara sem objeção. Por que esta contradição nas
funções essenciais do mecanismo psicológico humano?
Por que esta persistente insistência da razão em deter o
tempo, os fatos e as coisas, até que ela consiga discernir,
como garantia de veracidade, aquilo que já ficou determinado pela própria natureza como função primordial
da vida, a qual, assim como absorve o oxigênio que a vivi-
fica em seu físico, absorve também, em virtude da lei de
conservação e de equilíbrio, tudo quanto lhe é grato ou
a beneficia em sua implícita condição de humana, seja
no aspecto intelectual, no sentimental ou no espiritual?
Por que acontece isso?... Porque quem pretende discernir e julgar, nesses casos, é a razão do homem medíocre.
É a razão do homem inferior, a razão comum, que
pretende, não apenas julgar e discernir, mas dominar a
natureza e o pensamento superior.

A sensibilidade, em sua acepção mais pura, avantaja-
-se sempre à razão; ela assume os ditados da natureza,
que é a que oferece à consciência do homem todo o
elixir de pureza que ele seja capaz de extrair. Podem-
-se experimentar, perceber e captar muitas coisas pela

sensibilidade, e é comum que a razão compreenda muito pouco disso, não obstante a exata confirmação do que foi experimentado, percebido ou captado; não obstante a confirmação de fatos e verdades postos em evidência dentro do próprio ser pela força de uma realidade que impede a mais ínfima desnaturalização de sua origem e manifestação.

A razão não pode, todavia, permanecer retrógrada diante dos adiantamentos da consciência e das manifestações do espírito que se combinam na inteligência. A razão do homem inferior é estreita e revela todos os defeitos da incapacidade; a do homem superior responde aos ditames da consciência, examina com a maior amplitude de critério tudo quanto julga, sincroniza sua função discernidora com as palpitações da alma e do coração, e ausculta e compreende a linguagem íntima da sensibilidade, que se manifesta sempre com a eloquência da pulsação emocional e a candura da inocência. Esta é a razão que o homem deve chegar a possuir: a razão que estabelecerá o equilíbrio em elevados, quase sublimes, estados de evolução e aperfeiçoamento.

Pelo que ficou dito, já se terá podido apreciar a linha de conduta traçada pelo método logosófico, que, sem rigidez alguma, contempla as complexidades que a vida do homem apresenta.

Aquele que, depois de haver buscado por todas as partes a solução para o grande problema da evolução psicológica, se ponha a ensaiá-lo com boa vontade, não incorrerá em engano e poderá confirmar, por conta própria, a verdade exposta. É o nosso um método vivo, seguido sem necessidade de forçar o entendimento; melhor ainda, permite o livre jogo de todas as peças da psicologia humana, sem deixar por isso de adaptá-las a outros movimentos mais inteligentes e rápidos. Quando já se conseguiu compreender seu ativo mecanismo, passa-se a adotá-lo ao longo da vida, tal é a sua virtude construtiva e o benéfico auxílio de seus altos ditames.

8

Sistema mental.

As duas mentes.

Intervenção do espírito no funcionamento e uso do sistema mental.

Atividade combinada das faculdades da inteligência.

Trataremos neste capítulo do sistema mental, essa maravilha da criação humana, que, admiravelmente disposto e configurado, serve ao homem desde os confins abismais da ignorância até as alturas culminantes da Sabedoria. Esse sistema é composto de duas mentes perfeitamente equipadas e combinadas em seu funcionamento, destinadas a satisfazer a todas as necessidades e exigências do ente físico ou alma, bem como às do espírito, quando este assume o controle da vida; isso quer dizer que, para o governo de sua vida comum, o homem dispõe de uma mente inferior ou comum e, para o da vida superior, de uma mente também superior. Ambas são absolutamente iguais em sua constituição, mas não assim em seu funcionamento e prerrogativas. São duas esferas de qualidade, volume e atividade diferentes.

Quando o sistema mental é usado pelo ente físico ou alma para assuntos físicos, e estes, por elevados que sejam, não obedecem a precisas demandas da vida superior, a ação desse sistema fica limitada à mente inferior ou comum; quando é o espírito quem o usa, valendo-se dele para encarar os problemas da vida superior em estreita vinculação com o mundo metafísico, é a esfera superior a que intervém. Ao mencionar aqui o espírito, referimo-nos à sua existência como verdadeira entidade que rege o destino do ser humano consciente, ao ente superior, que na maioria das pessoas permanece estático, esperando o instante de assumir sua verdadeira função reitora.

Enquanto a mente inferior ou comum – da qual se valeu até aqui o indivíduo – se detém automaticamente nas fronteiras da superior, pois suas possibilidades não vão mais longe, a superior tem poder sobre os dois grandes mundos, o físico e o metafísico, sendo precisamente neste último onde ela realiza os prodígios com que a inteligência superada promove a atônita atitude dos céticos, dos rotineiros e da incontável legião de leigos, para os quais toda verdade é um mito.

Os grandes pensadores usaram e usam a mente superior, mas, ao não se terem aperfeiçoado na consciência dessa realidade, para eles não existe mais que uma única mente, e é total sua despreocupação quanto a este gênero de investigações que teria podido levá-los à comprovação de um descobrimento tão intimamente ligado ao conhecimento de suas vidas. Não obstante, eles acreditam haver desempenhado igualmente sua função, e nós respeitamos e apreciamos, em todo o seu volume, suas valiosas contribuições. Temos, porém, a esperança de que, num dia não distante, eles voltem os olhos para nossas concepções; saberão, então, dos enormes valores que elas representam para o indivíduo como ser consciente, e não mais será reduzido, então, o número dos que venham a sobressair nas esferas intelectuais do mundo, porque estarão abertos os caminhos para a verdadeira formação do ente pensante, do espírito, nas altas esferas do pensamento criador.

As duas mentes – a superior e a inferior ou comum – estão constituídas pela inteligência, que agrupa todas as faculdades: razão, entendimento, intuição, imaginação, memória, observação, etc., e, muito principalmente, a faculdade de pensar. Integram também o sistema mental os pensamentos – dos quais já nos ocupamos noutros capítulos –, cuja importância na evolução e destino da vida humana é, em suas máximas consequências, decisiva.

Poderíamos representar simbolicamente esse sistema mental como um veículo cujas rodas – a inteligência e suas faculdades de um lado, e os pensamentos do outro –, ao girar, levam aquele que o dirige aos pontos aonde se propõe chegar. Da velocidade e regularidade com que se movam essas rodas dependerá o tempo de duração do percurso.

Não vamos aqui explicar a função específica de cada faculdade, apesar de sua importância, porque tal explicação não corresponde aos propósitos deste livro. Faremos tão só uma rápida referência às combinações mentais que se verificam com sua intervenção.

Cada faculdade atua em seu respectivo campo, mas, para maior eficiência em seu desempenho, pode tomar muitos elementos de valor dos demais campos. Assim, por exemplo, a faculdade de pensar, antes de produzir os pensamentos que se propõe a criar, toma da observação, da razão ou da intuição, segundo seja o caso, os elementos vivos que integrarão a célula mental em que haverá de desenvolver-se o pensamento, o qual nascerá tanto mais robusto, e mais facilidade terá em alcançar o fim para o qual foi criado, quanto mais vigorosa seja a virilidade mental. A observação, por sua vez – e do mesmo modo qualquer outra faculdade –, pode atuar sozinha; se, porém, no momento de iniciar sua atividade, ela o faz juntamente com a faculdade de pensar, de raciocinar, etc., exercerá sua função ao mesmo tempo que pensa e raciocina, tornando-se com isso ativa. Um fato ou um episódio poderá ser observado sem maior interesse, caso em que carecerá de importância ou, simplesmente, será esquecido; entretanto, se a atitude ao observar esse fato ou esse episódio é outra, é bem possível que surjam daí motivos vinculados com a própria experiência e saber, podendo-se extrair conclusões úteis. A faculdade de observar terá desta vez cumprido eficientemente sua função; em consequência, outros serão os resultados com os quais ela poderá contribuir num posterior atendimento a solicitações de outras faculdades.

Tanto na investigação científica como em todo estudo sério, e tanto na elaboração de projetos como quando, incitada por fortes estímulos, a faculdade de pensar vislumbra primeiro e concebe depois propósitos nos quais se definem íntimas aspirações do ser, ocorrem estas combinações em que diferentes faculdades prestam seu concurso. De igual modo, cada uma delas cumpre sua função em suas respectivas esferas de atividade.

A faculdade de pensar, produtora de ideias e pensamentos, é a que define a gênese deles. O processo de superação integral requer que os pensamentos sejam criados pela própria mente. Mesmo quando, para sua elaboração, tenha sido preciso o concurso de elementos provenientes de outras mentes, sua essência será outra, e outro, seu conteúdo específico. Se, no momento de criar uma ideia ou um pensamento, cada um pode inspirar-se nos conhecimentos que possui, tanto melhor.

A referida faculdade promove a seleção de pensamentos, ajudando a afastar os inúteis e nocivos, enquanto oferece à inteligência os melhores, para que deles se sirva na condução feliz da vida. Ela preserva o homem de cair nos enganos da imaginação ou da ilusão, bem como nessa incerta gama de conjecturas, suposições e crenças que envolve o pensamento não articulado nem dirigido pela autêntica razão humana. Essa faculdade, que tão importante trabalho desempenha dentro da mente – e do mesmo modo as demais faculdades –, tem alcançado muito pouco desenvolvimento na maioria das pessoas, e tem chegado até a ser considerada como coisa em desuso; isso, a julgar pela tão frequente expressão de repulsa que tais pessoas mostram, quando se lhes fala sobre qualquer tema mais ou menos complicado: "Se é algo em que devo pensar", dizem, "nem me fale!". Não obstante, alguém pensa por elas, e aos que pensam se deve tudo o que depois a humanidade inteira desfruta.

Diremos, por último, voltando ao sistema mental, que quem use esse sistema sem o necessário adestramento o fará à semelhança de quem toca um instrumento de música sem ter aprendido sua técnica. Se no mesmo instrumento pousar suas mãos um exímio artista, dele arrancará melodias sublimes, e quiçá obras-primas.

9

Gênese, vida e atividade dos pensamentos.

O pensamento como entidade autônoma.

Função do pensamento-autoridade.

Antes de começar a tratar dos pensamentos, faremos uma breve digressão com o objetivo de contribuir para formar, mais acertadamente, o juízo exigido por toda nova verdade com a qual o entendimento deseja vincular-se.

O homem possui elementos que o ajudam a evitar as múltiplas dificuldades da vida; isto é indiscutível; mas também é indiscutível que existem outros de imponderável valor destinados a iluminar a inteligência e enriquecer a consciência, cuja obtenção e manejo requerem um verdadeiro processo de adestramento mental interno. A Logosofia atua diretamente sobre os centros da vida consciente e reacende a chama do espírito, desse nosso espírito que afastamos de seus domínios e que anseia voltar a reinar sobre nossas vidas. Mas, antes que tal coisa

aconteça, estes novos conhecimentos conduzem o homem
ao encontro com sua própria realidade, mostrando-lhe
com farta evidência seus precários meios de informação
sobre si mesmo. Seria possível argumentar ou alegar algo
contra isso? Onde está a escola, onde o ensinamento que
acometeu tal empresa? Aventuras houve muitas, isso sim,
que depois serviram, junto a estudos mais bem inspirados,
para nutrir os textos de filosofia e psicologia, editados em
profusão para satisfazer às exigências da cátedra. Porém,
uma genuína fonte de saber, incontaminada e poderosa
como é a sabedoria logosófica, que ensina o verdadeiro
caminho para o conhecimento de si mesmo, nunca houve;
se tivesse existido, teria modificado a equivocada rota
que a humanidade tem seguido até aqui. Os psicólogos
– forçoso é reconhecê-lo – têm margeado com suma habi-
lidade o assunto; mas não se trata de embaralhar termos
e acomodar ocorrências quando se abordam as questões
psicológicas, muito especialmente as que concernem ao
mundo interno, pela simples razão de que, antes de falar
dos mundos de nossos semelhantes, devemos penetrar no
nosso. De seu conhecimento inferiremos o que ocorre no
dos demais. Isto é o que nunca se fez.

A Logosofia radicou o problema humano na mente, e
é ali onde o resolve com meridiana clareza e força suges-
tiva. Não transporta a figura central, como é habitual
em questões deste gênero, para as dilatadas estepes da
imaginação. Concretiza e plasma sobre o real o elemento
básico da concepção que define especificamente o órgão
promotor da vida psíquica do homem, a mente, e seus
principais agentes, os pensamentos.

Partindo da base certa de que existe em torno deste ponto – ainda no presente – um notável descaso, só explicável pela carência de conhecimentos, sustentamos que nossa concepção suscita as mais extraordinárias mudanças na vida e promove seu ressurgimento integral, cuja dimensão não tem limites.

Sendo que os pensamentos fazem a vida, por constituírem eles seus agentes naturais, lógico é que a vida deva ser, por sua vez, o meio onde os pensamentos nascem, se desenvolvem e cumprem a atividade que ela lhes proporciona. Se a mente que alenta a vida de um ser é pobre de recursos, por carecer ele de conhecimento e cultura, os pensamentos serão de igual natureza; mas, se estes procriam em mentes cultivadas e recebem adequada instrução, enriquecerão ao mesmo tempo a vida, colaborando na edificação de um novo e melhor destino.

Diante do panorama comum, será fácil observar a extrema heterogeneidade do conteúdo mental de cada indivíduo. Pensamentos de toda espécie se aglomeram ali como num recinto destinado à deliberação pública. Mesmo quando a razão que presidisse essa assembleia tratasse de reunir-se em particular (meditação), pouco espaço lhe ficaria, e o vozerio não deixaria de perturbar, por causa disso, a serenidade exigida pelo estudo a fundo de qualquer situação apresentada.

O que acabamos de assinalar provém, na maioria dos seres, da falta de exercício da faculdade de pensar e da ausência de elementos de juízo para encarar, com resolução, as questões enfrentadas nas diversas circunstâncias da vida; na minoria, a causa reside na absorção produzida por suas preocupações (pensamentos complexos). Apesar da capacitação e da facilidade que tenham estes últimos para manejar as situações criadas, tais preocupações não deixam espaço em suas mentes para que se movam com desafogo na procura de solução.

Correntemente, confunde-se pensamento com mente, entendimento, função de pensar, cérebro, razão e até vontade, fazendo de cada um desses vocábulos um termo comum que os mistura, como se se tratasse de uma só e mesma coisa. A Logosofia fez uma precisa distinção entre tais termos, mostrando assim a diferença entre a mente e cada uma das faculdades em suas respectivas funções.

Em nossa concepção, os pensamentos são entidades autônomas que se procriam e adquirem vida ativa na mente humana, de onde em seguida podem passar para outras mentes sem a menor dificuldade. Daí que muitas pessoas, sem se dar ao trabalho de pensar, aparecem emitindo não poucas opiniões. Trata-se de um fato curioso. Não exercitam a faculdade de pensar, mas, favorecidas por certa facilidade de memória, recolhem do ambiente todo pensamento que as impressione e o fazem seu, mostrando-se posteriormente como se dominassem tal ou qual questão. Essa apropriação do alheio ainda é admissível quando se faz uso de pensamentos que provêm de mentes em que eles foram incubados sem ordem e sem depender de nenhuma subordinação ética, isto é, pensamentos sem transcendência alguma. O censurável é quando se trata daqueles outros que são partes inseparáveis de um verbo cuja paternidade não se discute, e que, em consequência, só podem ser usados mencionando-se sua origem, tal como o faz a intelectualidade seleta ao exercer essa nobre regra. Sua frequente infração é o que deu lugar, em muitos países, entre os quais se inclui honrosamente a Argentina, à Lei de Propriedade Intelectual.

Há também aqueles que – como os antiquários – buscam as ideias mais raras e recopilam fragmentos de imagens mentais das mais variadas origens em coleções polimorfas, que exibem com o mesmo orgulho daqueles que mostram, entre seus troféus de caça, cabeças de veado, peles de leão, etc., conquistados com risco e destreza durante suas incursões na selva, sem saber, quiçá, que existe uma fauna mais feroz, a fauna mental, com seus pensamentos de ambição, violência, rancor, ódio, vingança, crueldade, além de muitos outros que configuram o quadro da delinquência. Não há antecedentes de que alguém se tenha aventurado a penetrar nessa temível selva, a qual, por paradoxal que possa parecer, se acha dentro do próprio ser humano; se houvesse, saberia que nela também existem feras que são domesticáveis, convertendo-se em dóceis instrumentos a serviço do dono; entre elas estão os pensamentos de impaciência, intolerância, irresponsabilidade, vaidade, egoísmo e alguns mais, que não vem ao caso citar.

Poder-se-á julgar, pelo que vimos expondo, a extrema importância de conhecer a fundo a gênese, vida e atividade dos pensamentos. Quantos, por ignorá-lo, já caíram em lamentáveis estados mentais, que terminam na esquizofrenia, quando não na loucura. É que as paredes da mente, embora sejam elásticas, não podem dilatar-se de forma brusca ou caprichosa sem perigo de se romper. Dizemos isto como advertência aos que têm a mente repleta de pensamentos díspares.

Se não se prepara um bom espaço na mente para que atuem os pensamentos que haverão de auxiliar na tarefa de conhecer a si mesmo, e se se pretende introduzi-los e misturá-los com os que já estão ali acumulados, serão asfixiados e, com toda a certeza, fracassará o propósito de experimentar por si mesmo uma realidade ainda desconhecida. Ninguém poderá internar-se em seu mundo interno se uma aglomeração de pensamentos zombeteiros, pessimistas, interesseiros, aduladores ou insubmissos, por exemplo, comprimidos na mente, fustigam com gritos, ameaças e estribilhos injuriosos aqueles outros que haverão de conduzi-lo até ele. Impõe-se instituir, sem demora, um governo de ordem na mente. Até que sejam estabelecidas as garantias e a liberdade individual, nada melhor que declarar, à semelhança do que ocorre na vida política dos povos, o estado de sítio interno. Faremos com que assuma o comando um "pensamento-autoridade". Será ele o encarregado de consumar, em épicas jornadas, o propósito que cada um tenha fixado para si como norte, a fim de enriquecer a consciência com a nova geração de conhecimentos que a Logosofia põe ao seu alcance. Ser-lhe-á recomendada, pois, a administração de todos os expedientes mentais, isto é, o ordenamento dos estudos, experiências, conclusões e resultados que surjam da adoção dos princípios logosóficos e da vinculação direta com o ensinamento.

O método consiste aqui em não permitir a interferência dos pensamentos que de velha data se acreditavam donos, senhores e conselheiros da própria razão, ou sejam, os preconceitos, crenças ou convicções que não resistem à menor análise lógica, aos quais ainda se pode adicionar a desconfiança, a pusilanimidade, a desconformidade e todos aqueles pensamentos que defendem suas antigas posições, muito cômodas por certo, porém impróprias de um espírito que anela elevar-se a alturas menos obscuras e mais luminosas para o entendimento.

Entre os pensamentos que costumam dominar a mente, estão também os de temor ou de medo, sobre os quais a Logosofia exerce decidida influência, pressionando-os com energia, para que surja a segurança com que devem ser enfrentadas todas as situações. Se focalizarmos ao acaso qualquer mente, sem dúvida encontraremos, entre os muitos pensamentos que pugnam por predominar nela, os diversos engendros da curiosidade instintiva, os pensamentos do vício, das debilidades, e muitos outros que tantas vezes fazem claudicar a razão, como se suas "razões" fossem mais fortes e convincentes. E que diremos dos pensamentos alarmistas e dos que se ocultam entre os véus do pressentimento, para propagar de forma contagiosa o pânico, a sugestão ou o terror?

O conhecimento dos pensamentos e seu exercício consciente representam, tanto para a mulher como para o homem, um dos atrativos de maior hierarquia e benefício. Lares que são verdadeiros infernos dissimulados pelo fingimento feito norma, quando não geleiras de onde o calor pareceria haver fugido para sempre, podem transformar-se, após a simples realização dos primeiros trechos do processo evolutivo consciente, em oásis de cordialidade, harmonia e entendimento. Afugentados pela luz que sobre eles o conhecimento transcendente projeta, desaparecem da mente os pensamentos que a dominaram – os coléricos, os irritáveis, os provocadores, os destemperados, os confusos, etc. –, retornando a calma e a placidez doméstica. A clara e decidida adoção do método logosófico por parte da mulher, representada em suas condições de mãe, esposa, irmã, filha, etc., ajuda especialmente a que floresçam no meio familiar a paz, a alegria e, sobretudo, a consciência de um viver extraordinariamente feliz.

Ninguém poderia chegar a conhecer o mecanismo de sua vida consciente sem dominar antes o segredo que move, anima, particulariza e define os pensamentos como entidades autônomas. Tão logo se aprecie essa verdade e se assimile uma compreensão ampla a respeito, poder-se-á ter uma ideia exata do porquê da necessidade imprescindível de realizar o processo de evolução consciente, quando se quer encaminhar a vida para o aperfeiçoamento, que significa, de forma definitiva, alcançar as potências do espírito nas máximas possibilidades humanas.

É tão amplo, curioso e interessante o panorama que surge do conhecimento de tão principalíssima parte da concepção logosófica, que o homem se sente admirado diante dele; é que se mostrou a seus olhos e a seu entendimento um dos setores mais ativos do próprio mundo interno.

Como se haverá de compreender, pela primeira vez o homem se encontra diante de possibilidades efetivas quanto ao panorama íntimo de sua existência, tanto pelo sentido de realidade que percebe nos ensinamentos e pela proximidade em que seu entendimento os vê situados, como pela certeza que dão sobre a possibilidade de sua imediata aplicação à vida.

10

O espírito.

Sua manifestação e influência na vida do homem.

Verdadeira função do espírito.

Em virtude da natureza extrafísica e, portanto, incorpórea e sutil do espírito humano, descrevê-lo é bastante difícil. Começaremos por advertir, antes de resumir de modo concreto a imagem real de sua existência, que a ideia de um espírito abstrato, intranscendente e indefinido, ou o fato de confundi-lo com a alma ou com o próprio homem – tenha este cultivado ou não sua inteligência –, é só um princípio de reconhecimento de sua essencialidade, mas não a explicação filosófica nem científica acerca de sua qualidade específica de ser e sua verdadeira missão na vida. Carecem do mesmo modo de significação as habituais alusões que se fazem sobre o espírito em textos e discursos, para denotar sua associação às chamadas atividades intelectuais, a menos que se queira, com isso, dar por sabido que ele se manifesta quando o homem procura elevar-se acima de toda materialidade em busca de um atrativo superior para a vida. Neste caso, estaremos de acordo, mas fazendo a ressalva de que nossa apreciação se fundamenta em fatos e observações que vão muito além do conceito generalizado.

Para a Logosofia, o ser humano está integrado pelo ente físico ou alma e pelo ente espírito. Para o primeiro foi fixado um destino comum. Desenvolve-se física e intelectualmente sujeito à poderosa influência do mundo material; do mundo das grandes empresas, dos magnos descobrimentos e dos atos heroicos; dos aperfeiçoamentos técnicos estupendos, das construções maravilhosas e das também assombrosas criações artísticas. Entretanto, apesar de suas grandes inquietudes, o homem não conseguiu ainda decifrar o enigma de seu espírito, nem desvendar os mistérios do mundo metafísico, que interpenetra o material e é, afinal de contas, origem e meta de sua existência.

Vamos agora considerar o que em verdade acontece entre o ente físico ou alma e o espírito, isto é, as relações que ambos mantêm correntemente. Salvo os casos excepcionais em que o homem demonstra possuir plena consciência do domínio do espírito sobre o ente físico, os demais só acusam as ambíguas referências já assinaladas, que não concordam certamente com a realidade.

Em verdade, o ente físico, preocupado e absorvido pelas tarefas e compromissos que demandam sua atenção no plano material, não oferece motivo nem oportunidade ao espírito para participar deles, porquanto não são da incumbência deste. O homem ilustrado, que cultiva sua inteligência nas chamadas culturas do espírito, ao contrário, deixa-o atuar, porém sujeito à vontade do ente físico e, muitas vezes – diga-se com sinceridade –, sem ter cabal consciência do momento preciso em que o espírito desenvolve sua atividade, que nesse caso seria estritamente mental. Ele é confundido com a própria inteligência ou com a exaltação do pensamento em sua função criadora; mas não é assim, como veremos a seguir.

O ente físico usa o sistema mental para os assuntos exclusivamente físicos ou materiais. Estamos nos referindo à maioria e excetuando sempre os que pensam em sentido mais elevado. Pois bem, o espírito ali em nada intervém. É mantido alheio a tudo o que ocorre na vida, como se nada tivesse a ver com ela. Entretanto, o espírito sabe manejar esse sistema mental e servir-se dele com maior desembaraço e eficiência que o ente físico, só que gosta de usá-lo, principalmente, para levar o homem ao conhecimento de seu mundo, o metafísico, donde se conclui que o conhecimento de si mesmo é o encontro e identificação com o próprio espírito. Este novo e grande conceito sobre o espírito, que terá profunda repercussão no mundo do pensamento, constitui um dos principais fatores da evolução consciente.

Como nos prova o espírito que sabe fazer uso de nossa mente? Prova-o quando aproveita a inibição de nossos sentidos, durante o sono, para mobilizar os pensamentos e atuar nela. Isso produz o fenômeno dos sonhos, nos quais o ente físico não tem participação alguma. Seria isso um ato de desagravo do espírito diante da indiferença e da impassibilidade com que é tratado? Talvez; e não deveremos estranhar, por certo, tal reação de sua parte para sacudir, de algum modo, a lenta percepção humana e dar-nos a entender que, segundo seja a intervenção que lhe permitamos em nossa vida, ele por sua vez nos fará participar conscientemente de nosso viver em seu mundo. Será, então, quando teremos consciência da atuação da mente nos sonhos; quando, guiada a vida pelo espírito, vejamos inferiorizar-se o material ante a superioridade do imaterial.

Os pesadelos, nos quais o ente físico sofre angustiantes comoções, vacilando ao despertar antes de se convencer de que não era verdade o que sonhou, evidenciam igualmente a intervenção do espírito; mas o ente físico não sabe disso, nem suspeita, tampouco, que o choque psicológico experimentado poderia obedecer a alguma admoestação do espírito, motivada por sua cegueira. Também o fato de este levantar o corpo adormecido e fazê-lo andar, às vezes pelos beirais das casas, como sucede nos casos de sonambulismo, torna evidente que alguém pode manejar esse corpo à vontade, fazendo-o voltar ao leito sem haver sofrido a menor consequência. Quem é, pois, esse alguém? Havemos de supor, talvez, tratar-se de estranhas perturbações de nossa natureza psíquica? Quando, depois de dormirmos à noite, estando a mente preocupada com algum problema que durante a vigília não havíamos podido resolver, encontramos ao despertar sua solução, como se nos houvesse caído do céu, o que ocorreu? Poderíamos negar que foi o espírito quem usou nosso sistema mental e nos proporcionou a grata surpresa de achá-la, por um simples ato de nossa recordação? O homem não deve mais se enganar a esse respeito; tampouco deve continuar enganando as crianças, falando-lhes do "anjo da guarda". Não é ele quem vela por sua segurança, salvando-as das delicadíssimas situações a que tão amiúde são levadas pela inconsciência ou pela imprudência. Deve-se dizer a elas que é seu próprio espírito quem intercede, para evitar-lhes uma desgraça. Não importa que não o compreendam; conseguirão compreendê-lo quando grandes, tão logo seu discernimento tenha amadurecido com o auxílio destes ensinamentos transcendentais para a vida.

Não temos visto reproduzir-se a mesma intervenção do espírito nos casos de febres altas e de narcolepsia? Em tais circunstâncias, o ente físico não intervém. Alguém usa sua mente e até o faz falar, e esse alguém não pode ser outro senão o espírito, auxiliando o homem em momentos extremos. Argumentar-se-á que, nos casos de febre alta, o delírio sobrevém pela superexcitação das células cerebrais e nervosas, argumento este que satisfará à ciência, mas não à verdade. Só podemos admiti-lo quando se trata de estados patológicos, nos quais essas células ficam afetadas por diferentes germens patogênicos, como ocorre em diversos tipos de delírio muito conhecidos; mas isto não faz mais do que robustecer nossa posição, ao afirmarmos que o espírito é quem intervém nos casos citados e, do mesmo modo, nos estados de catipnose, nos quais já não se pode dizer que existe superexcitação das células, mas sim adormecimento. Resta ainda a síncope e também o êxtase – atendo--nos sempre ao caso de permanecerem as células sadias, isto é, sem alteração patológica –, quando o ente físico perdeu o conhecimento ou sofreu a anulação temporária dos sentidos, mas continua vivo; algo o sustém até o momento de voltar à realidade.

Sem dúvida alguma, é o espírito quem alenta a vida do ser humano, mas, caso persista algum vestígio de incerteza, apresentaremos outro fato comprobatório de nossa tese. Vamos nos referir àquelas circunstâncias em que o ente físico, devendo enfrentar perigos ou situações de extrema crueldade, ou de dor insuportável ao perder um ser querido, chega ao máximo de sua resistência moral e anímica. Nessa situação, fica sem mais recursos que o pranto e o desespero, ou o atordoamento: é o momento da sublime humildade e do não menos sublime reconhecimento da impotência humana. De repente, sente surgir dentro de si uma força poderosa que o sustenta. Tem-se chamado isto de "presença de ânimo"; porém, como poderia estar presente o ânimo se o ser o havia perdido? É, pois, o espírito quem infunde valor nestes casos, quem dá força e prepara para aceitar, com inteireza e ao mesmo tempo com submissão, um transe heroico da vida.

Sendo que o espírito conserva intactos o saber e a experiência como a evolução realizada nas diferentes etapas de vida física, com motivos de sobra se pode supor que, em cada novo período de vida terrena, seja ele, precisamente, quem busque todo momento propício, toda ocasião que se lhe ofereça, para informar ao ente físico das reservas de conhecimento que possui. Entretanto, a espessa ignorância do homem o impede de escutá-lo, razão pela qual o espírito trata de manifestar-se de diversas formas, uma delas nos sonhos. Essa influência do espírito na vida mental e psicológica do ser é incessante, e o levou sempre a buscar a verdade por todas as partes, a desenredar a terrível trama de dúvidas, suposições e crenças que dificultam sua evolução e o mantêm atado à carroça da adversidade.

Somente quando o homem busca a si mesmo, utilizando os conhecimentos inerentes a esse fim, começa para ele um verdadeiro despertar. A primeira grande verdade, ele haverá de achá-la dentro de si; uma verdade que está representada por todas as etapas que deverá cumprir, com esforço e adestramento, até identificar-se com seu espírito e assegurar sua efetiva e permanente intervenção no transcendente processo que está realizando. Ao chegar a esse ponto, o espírito assumirá o governo da vida e atuará com inteira liberdade na vigília, conseguindo o ser físico tal segurança e acerto em seu pensar e em sua atuação, que lhe será evitado cair no engano ou no equívoco; e seu repouso será certamente reparador, porque os breves espaços de tempo que o espírito requer para sua atividade metafísica não fatigarão de modo algum o sistema mental, e o ente físico terá podido receber nitidamente a transmissão de todas as imagens que intervieram nessa atividade levada a cabo durante o sono.

A consciência deve ser enriquecida pelo homem com os conhecimentos que tendam ao seu aperfeiçoamento e o capacitem para cumprir a alta finalidade humana, que é a posse dos grandes segredos – visíveis umas vezes e invisíveis outras – que envolvem e interpenetram sua prodigiosa existência sobre a terra. Ficará subentendido que é o espírito quem desempenha o principal papel, ao cumprir-se a importante função de enriquecer a consciência.

Finalmente, e para dar uma ideia mais clara e convincente sobre o particular, apresentaremos esta imagem: Quando, pela primeira vez, compramos um automóvel, devemos necessariamente aprender a dirigi-lo. Suponhamos que a carroceria desse automóvel é nosso corpo e que o motor e demais acessórios de seu mecanismo, nossa alma. Enquanto nos vamos adestrando no seu manejo, iremos conhecendo-o parte por parte e avaliando o valor e a exata função de cada peça ou engrenagem; tomaremos ciência, ao mesmo tempo, dos segredos que asseguram seu bom funcionamento e de outros, não menos importantes, para sua melhor condução. Isto nos mostra que, seguindo um adequado processo de adestramento, iremos acumulando em nós – em nosso espírito – conhecimento e experiência, e quando, com o andar do tempo, nosso veículo – nosso corpo e nossa alma – já estiver velho, poderemos abandoná-lo. O conhecimento e a experiência adquiridos nos permitirão, nas sucessivas etapas do eterno existir, dirigir com maior perícia outros veículos, pois o espírito jamais envelhece.

Há aqueles que ocupam veículos que não dirigem; são os que, não sabendo dirigir a si mesmos, confiam no auxílio constante do próximo para andar pela vida; os que se servem dos pensamentos alheios, os que não pensam, os que vivem à margem da realidade consciente da existência. Há também os que aprendem a dirigir mal seu veículo, e assim o continuam dirigindo enquanto vivem. Compreender-se-á que nenhum deles poderá levar consigo – referimo-nos ao espírito – os valiosos recursos do conhecimento, tão úteis para a herança de si mesmo.

11

Campo experimental.

Experiências internas e externas.

Necessidade de orientações precisas e certas
na experiência individual consciente.

A Logosofia apresenta às possibilidades de todo
indivíduo um campo experimental extraordinariamente singular e fértil. Esse campo se estende ao longo
de toda a vida e se divide em três importantes partes,
de conformidade com o que é requerido pelas necessidades psicológicas e mentais do ser, em seus avanços pelo
caminho da evolução consciente. Assim, por exemplo,
quando praticamos os ensinamentos que nos levam a
internar-nos dentro de nós mesmos, transportamo-nos
para uma das partes desse campo experimental; e é ali,
na verificação dos fatos, guiada a observação pelo
conhecimento logosófico, onde se consubstanciam
o saber e a experiência em inquebrantável feixe. A
realização de um processo de investigação foi desse
modo consumada, e a inteligência se apropriou de um

novo e valioso elemento, que de outra maneira teria sido impossível obter. Mas esse campo experimental, que com tanta nitidez aparece configurado em nosso mundo interno, estende-se também ao de nossos semelhantes. Levada para fora do mundo íntimo, que é inviolável e nos pertence com exclusividade, a prática do ensinamento e a observação são aplicadas então na mútua convivência, onde aparece delimitada a segunda parte do campo experimental, surpreendendo-se ali elementos de grande valor para completar nossos conhecimentos e descobrir aspectos similares aos determinados em nossa psicologia, ou díspares; tudo isso previne o juízo e mostra o rumo a seguir por meio da análise, até que sejam obtidas conclusões perfeitas para a compreensão individual. Nesse mundo que nos rodeia, e que aprendemos a conhecer nos aspectos fundamentais de sua composição mental, vamos conhecendo também nossas próprias perspectivas quanto ao progresso das ideias em relação à marcha dos acontecimentos que as promovem.

Quando os velhos e gastos conceitos são superados – e, paralelamente a eles, a conduta –, é inevitável que se produzam, dentro desse setor do campo experimental, atritos e até reações por parte dos que convivem com o ser. As experiências que ali se apresentam têm por causa, algumas vezes, a resistência inveterada da generalidade das pessoas a admitir que alguém possa mudar sua maneira de ser e de pensar de um dia para o outro, porque ninguém suspeita, tampouco, que isso pode ser fruto de um processo de superação levado a efeito com paciência, moderação e decisão. Nunca é difícil para o logósofo fazer frente aos efeitos dessa resistência que, além de tudo, põe em evidência um absoluto desconhecimento acerca dos meios que permitem alcançar tão alta finalidade.

Passemos agora, novamente, desse tipo de experiências, derivadas do trato com os semelhantes, às que se originam dentro de nós mesmos. Suponhamos que, após recentes períodos vividos na cômoda posição passiva de quem se recusa a pensar, estamos ensinando à própria mente a exercitar-se nessa função. Pouco depois de iniciado esse empenho, podemos ver como se movimentam nela pensamentos que tentam distrair a atenção. Com esse objetivo, buscarão eles todos os recursos possíveis para anular a vontade e, consequentemente, os propósitos perseguidos. Ver-se-á que a resistência, nestes casos, não provém de fora, como no tipo de experiência anterior, mas sim de dentro: apresenta-se no interior de cada um. É aqui que a técnica logosófica põe ao alcance daquele que está realizando o processo de superação os recursos e elementos indicados para neutralizar os movimentos subversivos dos pensamentos que até então predominaram – usando termos da atualidade – no regime despótico individual, reprimindo a partir da mente toda aspiração de aperfeiçoamento.

Por paradoxal que pareça, experiências desse tipo, ainda que com resultados opostos, foram vividas – inconscientemente, é claro – por muitos que, sugestionados pela leitura de autores inescrupulosos, se lançaram sem qualquer outro auxílio pelos incertos caminhos da ilusão. Mesmo os mais obstinados tiveram de voltar, antes que seu extravio fosse completo; em suas mentes indefesas, via-se bem clara a luta dos pensamentos que as haviam tomado por campo de batalha. O desengano, o cansaço e um negro pessimismo foram o resultado da aventura.

Entender-se-á perfeitamente que um processo integral, da natureza do que descrevemos nesta obra, não se pode consumar por conta própria, porque, por uma parte, se ignora como devem ser manejados os conhecimentos que haverão de auxiliar nessa classe de explorações e, por outra, se experimentará a necessidade de uma orientação constante, que assegure os acertos na condução desse processo e evite o engano a que a miragem das apreciações equivocadas costuma levar.

Não se põe em execução, portanto, uma empresa de tanta importância e complexidade, como é a da evolução consciente, que abarca tantos aspectos da vida por superar, sem a assistência de um autêntico guia, que oriente e permita vencer com êxito os trechos difíceis do trajeto. Por acaso já não vimos grandes inteligências, e até gênios noutras esferas do saber, solicitar o concurso imprescindível do guia para cruzar uma cordilheira ou atravessar montes, ou outros lugares inóspitos, por considerar que a própria perícia, por estimável que fosse, não podia auxiliá-los nesse caso? É sensata, por exemplo, a posição daquele que crê desnecessário o guia, quando se trata de internar-se nas obscuras profundidades do ser ou explorar o mundo metafísico, que tão sólida preparação mental exige? Não o é, sem dúvida, porque aquele que pensa assim esquece que é muito fácil perder o rumo e extraviar-se, se não está de posse de conhecimentos que assegurem o feliz desenlace de tão arriscada expedição interna. As infrutíferas tentativas realizadas durante séculos abonam a verdade do que dissemos, ao particularizarmos tais fatos. Daí nossa insistência em recomendar o conhecimento logosófico, o qual, pelas razões que abundam nas páginas deste livro, é um guia insubstituível para alcançar a ansiada meta das aspirações humanas.

Voltando ao tema do qual nos afastamos nesta rápida digressão, vamos nos ocupar da parte do campo experimental que corresponde ao mundo metafísico, com o qual o logósofo procura vincular-se pela atividade incessante do espírito. Esse mundo abre "in extenso" a parte mais interessante desse campo, certamente mais vasta que as duas anteriores, se as contemplarmos isoladamente. Mas a apreciação haverá de variar, tão logo se comprove que as três estão vinculadas pelo conhecimento logosófico e sujeitas, portanto, a uma quarta dimensão, que as abarca sem definir fronteiras. O campo experimental metafísico começa a ser ensaiado partindo das duas primeiras partes do campo experimental logosófico, de modo que as referências que dele tenhamos pelo conhecimento adquirido nelas nos servirão de guia para verificarmos, por nossa própria conta, as constâncias do processo nessa sua proeminente parte.

Consideramos útil destacar, por último, que as experiências que se suscitam, ao encaminhar-se a vida mediante o processo de evolução consciente, são de qualidade muito diferente das que correntemente se dão, já que, mesmo sendo estas últimas também instrutivas, rara vez são aproveitadas com a intensidade conseguida por aquele que recolhe em sua totalidade os ensinamentos que afloram em sua superfície. Já dissemos que o campo experimental logosófico é de uma assombrosa fecundidade, pois todas as experiências nele vividas, até as mais simples, obedecem a uma mesma causa: a evolução integral do indivíduo, e se encadeiam numa magnífica conexão de circunstâncias, todas de riquíssimo conteúdo e propícias ao desenvolvimento da vida interior.

12

O humanismo como aspiração recôndita do ser.

Projeções do humanismo logosófico.

É sabido que, desde suas remotas origens, o humanismo sofreu inúmeras variações, devido às múltiplas e contraditórias opiniões vertidas em torno de seu discutido objetivo. Já se quis apresentá-lo de muitas maneiras, sem que se tenha alcançado ainda uma concepção verdadeira nem definitiva. Não é nosso propósito nos pormos a tratar aqui da diversidade de teorias que foram suscitadas sobre ele, razão pela qual só faremos uma ligeira referência à sua trajetória, que não encontrou ainda o leito onde pudessem desembocar as aspirações que lhe deram origem e o mantiveram em clássico debate ao longo dos séculos. Têm-se estudado as excelências das idades antigas, como ponto de partida para o esclarecimento das ideias que contemplam o progresso do homem em suas manifestações mais destacadas no campo das ciências, das artes, da literatura, etc.; veio-se seguindo cronologicamente o estudo das atividades da inteligência, em sua constante produção de qualidades superadas com o advento de novas ideias, que estabeleceram outras tantas novas formas de entender a concepção humanista; entretanto, os pensadores não conseguiram pôr-se de acordo quanto à proclamação de um conteúdo ajustado à realidade universal e humana do indivíduo, o que foi – não cabe dúvida – a causa que debilitou essa corrente de pensamento e fez com que, em nossos dias, se clamasse por um novo humanismo.

Seja como for, o certo é que não houve muita coincidência ao se instituir esse termo como padrão de um conceito; prova-o o fato de ele ter sido desdobrado em diversas apreciações, segundo as épocas.

A Logosofia dá a conhecer o humanismo em seu conteúdo essencial, cujo exercício facilita a adoção entusiasta e consciente das regras éticas assinaladas por seu ensinamento. Começa este novo humanismo por exaltar no ser a parte humana de Deus, a centelha divina, latente nele até a chegada do homem a seu mundo interno, fato que o leva a alcançar a plenitude de seu aperfeiçoamento psíquico, moral e espiritual. Com esse objetivo, a sabedoria logosófica o prepara, ensinando-lhe passo a passo, e processo após processo, os múltiplos aspectos que devem condicionar sua vida. Guia-o para o conhecimento do humanismo nas profundidades de seu ser e, a partir daí, o conduz a desenvolver suas aptidões e qualidades, até consolidar nele a essência humana, pondo-o em condições de contribuir para a consolidação dessa essência no coração da humanidade.

Temos, em suma, que humanismo é, para a Logosofia, o ser racional e consciente, que realiza em si mesmo as excelências de sua condição de humano e de seu conteúdo espiritual, sobre a base de uma incessante superação. As referidas excelências deverão estender-se, pelo exemplo e pelo ensinamento, a toda a humanidade. A admiração consciente e o respeito pela Criação, da qual o homem é parte e súdito a um só tempo, deverão inspirar-lhe o respeito e a consideração a seus semelhantes, por ser isso sua consequência lógica.

Como se poderá apreciar, esta nova concepção do humanismo traz consigo um grande elemento: o homem mesmo, o ente humano, internando-se nas profundidades de seu ser para encontrar, ali, o fundo ou a essência de seu próprio humanismo, o qual, por meio do processo de evolução consciente, se projeta em direção ao mundo superior, conectando-o ao divinismo de Deus, onde – queira-se ou não – as grandes aspirações humanas se substanciam e se identificam com o pensamento que alenta a vida universal e assinala ao homem, em muitos de seus aspectos, o processo de sua ascensão rumo aos arcanos de sua enigmática existência.

O exposto permitirá compreender as razões que intervêm para que, deliberadamente, nos afastemos das formas clássicas que tanto aguçaram o talento no cultivo e beleza das letras e nas riquezas da história, em harmoniosa conjunção – dizendo em termos cabais – com o desenvolvimento da personalidade humana. Poderão dizer que nossas ideias são revolucionárias. Responderemos que o são, efetivamente, porém na mais alta acepção da palavra.

Não concebemos o humanismo como atitude meramente especulativa, por mais que estude e analise os fatos e os pensamentos dos homens em suas respectivas épocas. Talvez outro termo se enquadrasse melhor nessa classe de estudos, já que, por amplos que eles sejam, não vemos em que se relacionem com o ser íntimo, em cujo coração e sensibilidade haverão de ser encontradas as razões do grande sentir que, imanente nele, tende a estender-se à humanidade.

Não nos aventuraremos se dissermos que esse mesmo sentir é o que conforma a ética individual e coletiva do ponto de vista de seu fundo humanístico. Derivaremos por um instante nosso tema para esse aspecto fundamental do homem culto, para expressar que a ética logosófica se baseia no conceito do bem, mas firmando-se na consciência. Do conhecimento das normas éticas que devem reger a vida, o logósofo extrai as regras da correção interna e externa que iluminarão sua conduta. Se a Logosofia tem dito que não há evolução consciente sem ética, é porque as considera inseparáveis; portanto, a ética deve ser, entre outras, uma de suas manifestações imediatas. Longe de ser exercida circunstancial ou parcialmente, é praticada no campo experimental logosófico de forma global, constituindo seu hábito toda uma virtude.

Diferentemente, pois, do conceito generalizado, nosso humanismo parte do próprio ser sensível e pensante, que busca consumar dentro de si o processo evolutivo que toda a humanidade deve seguir. Sua realização nesse sentido haverá, depois, de fazer dele um exemplo real daquilo que cada integrante da grande família humana pode alcançar.

A Logosofia não trata de criar um novo tipo de homem, mas ensina ao ente humano, isso sim, a arte de criar a si mesmo, reconstruindo, com os fragmentos dispersos de sua vida-individualidade-destino, a imagem genuína do pensamento causal.

A presença de sentimentos superiores, configurando o esquema psicológico do ser em franca evolução, representa o humanismo mais cabal e inobjetável, e não se haverá de esquecer que à nova geração de pensamentos logosóficos se deverá em grande parte, se não em sua totalidade, a possibilidade de fazer efetiva uma aspiração profundamente sentida pela alma humana.

13

A mística, atitude sensível da alma.

Aspectos diversos de sua configuração estética.

A mística é uma das atitudes da alma que mais tem sofrido as arbitrariedades da paixão humana. Tem sido explorada em todas as formas possíveis, e à sua sombra as mais lamentáveis aberrações já foram cometidas. Quando vemos que se chegou a desnaturalizá-la tanto, ao extremo de reduzi-la a um simples termo, e que este é usado para disfarçar a absoluta submissão que os regimes de força exigem dos povos escravizados; quando vemos que se veio aplicando este vocábulo a doutrinas exóticas, para fomentar um servilismo a toda a prova, ensaiando-se uma profusão de ardis para fazê-lo útil à entronização de ídolos que os povos oprimidos deviam adorar, cabe um pronunciamento determinante a respeito.

Em nosso conceito, o conteúdo da palavra é amplo e fecundo. A mística não exclui a ninguém; ao contrário, sendo a essência de um sentir espiritual, manifesta--se livre e espontaneamente no íntimo de cada ser.

O temperamento místico é inato na alma humana, e adquire seu sentido ideal quando expressa a aspiração de identificar-se com a alma universal.

No instante mesmo em que toma contato com a vida – ao nascer –, o ser pronuncia sua primeira exclamação mística: é o grito incontido do primeiro triunfo sobre sua natureza. Repete-a pela última vez – mentalmente, caso não possa com os lábios – no momento de deixá-la, ao fechar os olhos para a luz do mundo.

A mística se desenvolve no homem segundo seus sentimentos. Quanto maior é a evolução, tanto mais íntima, delicada e sublime é a pureza de expressão na atitude culta e respeitosa do indivíduo.

Ao submergir-se nas profundidades de seu ser, para perscrutar os desígnios de sua vida, e emergir depois na superfície da consciência resplandecente de júbilo, o homem não pode se sentir menos do que maravilhado diante do supremo pensamento que animou sua existência. Essa mesma sensação de encantamento e esplendor, ele a experimenta diante de tudo o que comove sua inteligência; do que transcende o vulgar e fácil; diante da inefável pureza do belo, do heroico e do grande, seja em gestos, seja em fatos ou façanhas, e, enfim, diante de tudo o que, de uma ou de outra maneira, o incline a render um culto e uma estima que não se sente inspirado a tributar senão àquilo que promove o pronunciamento de seu espírito. Isso não é outra coisa que aquilo que deriva da mística em sua essência mais pura.

Todas as reações naturais da sensibilidade diante do que exalte a consideração humana, maravilhe a razão ou estimule fortemente a consciência hão de merecer o conceito de expressões místicas.

Os atos de abnegação, a caridade inteligentemente interpretada, que não malogra seus frutos, a cordialidade expressada na amizade leal e sincera, são outros tantos aspectos do verdadeiro enraizamento da mística na alma humana. E o são porque essas atitudes revelam a presença, no homem, de sentimentos que expressam ou tornam manifesto o mais puro e sublime de sua natureza. Poder-se-ia dizer que tais atitudes ascendem ao divino, uma vez que ultrapassam o plano das manifestações habituais.

A dor, o sofrimento, são também expressões místicas, quando aquele que os suporta experimenta o doce benefício que provém do bálsamo interno extraído da resignação, a qual, ao mesmo tempo que engendra a paciência, neutraliza os impulsos do desespero. Além disso, quem já não pensou, nos momentos de dor ou de sofrimento agudo, em ser mais bondoso, generoso e tolerante com os demais? Não foi e continua sendo a dor o que modifica e modera os temperamentos mais irrefreáveis, os caracteres mais incorrigíveis? Não é o padecimento o que se encarrega de fazer compreender e até emendar os desastres morais que seus excessos provocam? Quantas coisas são negadas pela soberba – que é a incompreensão mesma –, mas que o ser se sente prodigamente inclinado a outorgar em seus momentos de dor; inclusive tudo quanto tem, se com isso fosse possível eliminar seu padecer! São místicas ou não essas atitudes? São místicas, com efeito. Em tais circunstâncias, o homem experimenta sua pequenez e sua absoluta fragilidade, já que sente, não há dúvida, que foi tomado por uma força superior a ele, da qual não pode se livrar sem antes pagar o tributo que a lei lhe exige por infração. Ao reconhecer que é dominado por uma força que desconhece, mas que chega a apalpar ao cair em desgraça, coloca sua razão no terreno do transcendente, o que lhe permite admitir que existem influências que, embora não sejam controladas pelo juízo, aparecem exercendo suas funções reguladoras, precisamente ali onde a razão não foi capaz de regular a tempo os excessos do ente humano.

A alegria é do mesmo modo uma expressão mística quando é sã e respira o aroma das coisas gratas, pois é uma manifestação terna do sentir. Não acontece assim quando representa sentimentos desnaturalizados ou desvirtuados por pensamentos mesquinhos. As atitudes que corrompem a matéria e degradam as condições de privilégio em que o homem foi colocado diante dos demais reinos da Criação, rebaixam sua natureza e o submergem nos torvelinhos do vício e das paixões, impossibilitando-o de reverenciar com decoro aqueles atos que poderiam honrá-lo. O desenfreio, que cega o entendimento e esteriliza o ânimo, incapacita o ser para extrair das profundidades da alma os caros motivos que predispõem à exteriorização de traços que enobrecem o sentimento e enaltecem o próprio conceito.

Encontramos igualmente manifestada a mística no amor de mãe, puro e excelso. Ninguém poderia dizer que esse sentimento da alma materna contém a menor parcela de caráter religioso; é o culto místico ao sangue, ao prolongamento da própria existência na extensão do tipo psicológico e moral que cada um contém, e que alcançou em sua rude luta evolutiva.

Surpreendemos também a expressão mística no amor filial e, com menos intensidade, no afeto fraterno. O fervor do filho ao venerar seus pais emerge do caráter íntimo e inexprimível da natureza do vínculo, com o aspecto místico surgindo da qualidade incomparável e insubstituível do afeto que o anima.

O próprio amor, que busca no afeto conjugal a mútua identificação do pensar e do sentir, e faz florescer a sensibilidade humana em delicadas expressões de ternura e simpatia, é outra das manifestações místicas que com maior força expressiva emocionam o espírito.

Vejamos agora como a mística, atuando como força constitutiva da natureza humana, influencia a razão para evitar a turbação do juízo e situar o critério dentro do plano da sensatez, toda vez que de seu uso dependam consequências que, direta ou indiretamente, afetem a paz da consciência. Diante da falta cometida pelo filho, a quem se repreende com severidade, faz com que brote do sentimento a indulgência que modera o impulso repressivo. O afeto, expressão mística do sentimento, suaviza aqui as reações violentas da razão, fazendo com que esta permaneça inofensiva.

Em seu afã de ser inflexível ao julgar, a razão frequentemente esquece que aquilo que ela julga deve ser primeiro relacionado com as próprias e similares circunstâncias. Colocada nessa condição, a tolerância surge instantaneamente, e o juízo é elaborado com equanimidade. Eis aqui a mística atuando sobre a razão, para que ela deixe de ser fria e, tomando o calor fertilizante que emana dos raios da lógica, se manifeste em juízos comedidos, isentos de passionalismo, atenuados pela temperança e pelo senso de justiça.

A atitude mística, para que seja tal, deve inspirar-se no mais alto sentido do bem, do belo e do justo; o contrário é o absurdo, a negação e o extravio.

14

O homem pode ser seu próprio redentor.

Evitar o cometimento de faltas ou erros
é um princípio de redenção.

Tendo sido o homem equipado com o admirável sistema mental e os não menos importantes sistemas sensível e instintivo, que lhe permitem atuar livremente em dois imensos mundos, o físico e o metafísico, é lógico admitir que a essas prerrogativas tão belas e transcendentes que configuram o grande arcano da vida se acrescente também a de redimir sua alma de todos os desacertos e faltas cometidos, fato que converte o homem em verdadeiro redentor de si mesmo.

Deus o fez à sua imagem e semelhança, isto é, fê-lo capaz no sentido mais amplo da palavra; daí que lhe tenha sido conferido o poder de absolver-se, em obediência às leis que regem sua evolução.

Essas leis seriam negadas caso se pretendesse desconhecer tão sábio e justo mandamento emanado do Criador, que, para não diminuir em nada a hierarquia da criatura humana em sua qualidade de rei das espécies, concedeu-lhe essa prerrogativa, cujo exercício é privativo da própria consciência. "Como pode isto ser levado a cabo com êxito?", perguntarão, sem dúvida, os que ainda acreditam em fábulas. A Logosofia tem demonstrado, com fundamentos irrebatíveis, que é na mente onde reside o mal que o homem faz a si mesmo e a seus semelhantes. A ignorância desempenha um preponderante e decisivo papel na afirmação que acabamos de formular. Em sua penumbra, são gestados desde os pensamentos mais inofensivos até as mais negras ideias.

O "Conhece-te a ti mesmo" resultará num mito se o ser não começar por conhecer sua verdadeira conformação psicológica e mental, isto é, seu sistema mental em sua vasta e complexa organização e funcionamento.

Ao mal, promotor de todos os erros e faltas em que o homem incorre, e causador ao mesmo tempo da desdita humana, é necessário combatê-lo da única maneira possível: eliminando as causas que dão lugar à sua existência. Isto não é fácil, mas tampouco impossível. A evolução que preconizamos tem a virtude de desterrá-lo da vida, à medida que se realiza o bem; dito em outros termos, tão logo o ente humano avança nesse processo em que a consciência deixa de ser uma mera denominação, para converter-se no cadinho que funde, na chama viva da realização, ou seja, no aperfeiçoamento, a escória indigna das dívidas que gravitam sobre a vida do homem, como se ele tivesse de levar forçosamente às costas uma carga cujo volume seguirá aumentando e, ao mesmo tempo, empurrando-o para os mais obscuros destinos.

O simples fato de evitar o cometimento de uma falta constitui o primeiro passo para a remissão das culpas, porque não cometê-las é um princípio de redenção própria inquestionável. Repara-se o mal em si mesmo eliminando-o antes que se materialize, e se faz isto por um ato livre da vontade, sem a necessidade de nenhuma intervenção alheia. Eis aí o belo; eis aí o grande e o sublime.

Para que a própria redenção seja um fato, é essencial começar por não cometer mais faltas; não acumular mais culpas ou dívidas. Esse é o primeiro passo; mas surgirá a pergunta: que fazer com o já consumado? Cada falta tem seu volume e suas consequências inevitáveis. Não percamos tempo em lamentações, nem sejamos ingênuos, crendo que existem meios fáceis de saldá-las. As leis não são infringidas impunemente; nem cometendo faltas, nem pretendendo livrar-se delas. Porém, o homem pode, sim, redimir gradualmente suas culpas, mediante o bem que representa para si a realização rigorosa de um processo que o aperfeiçoe. Se esse bem é estendido aos semelhantes – quantos mais, melhor –, ficará assegurada a descarga da dívida. Contudo, isso será sob condição de não incidir em novas faltas, pois se cairia no mesmo erro dos que pretendem depurar suas almas nas cômodas posturas da superficialidade religiosa.

Não se pode conceber, sem cair na aberração, que um ser sobrenatural tenha de vir do céu para nos redimir de faltas. Aceitar isso é tão ingênuo como incompatível com a mais sensível moral. Mas seríamos realmente capazes de admitir tamanha injustiça? Tal coisa implicaria nada menos que negar a lei de evolução, inevitável e justa, que Deus instituiu para todo o criado, com uma notável variante para o homem: a que lhe permite acelerar o processo dessa evolução por meio da ação consciente. Não seria digno nem decoroso que um ser absolvesse outro de suas culpas; daí que nossa consciência deva rechaçar tal coisa em nome da sensatez e da moral. Isso tampouco poderia ser grato a Deus, que, ao contrário, aceitará com agrado que cada um, como ser racional e consciente, empenhe sua honra em retificar sua conduta e aliviar o peso de seus erros, consagrando-se ao bem; cultivando-o e experimentando-o primeiro dentro de si e traduzindo--o depois em obras que tendam ao bem comum. Por si só, a sinceridade desse proceder dispensa qualquer comentário a respeito.

Somente será grata aos olhos do Todo-Poderoso – voltamos a afirmar – a demonstração palpável de nossa firme vontade de redenção, expressada na reforma de nossa vida e em seu encaminhamento definitivo pela senda da evolução consciente, que não admite descuidos reiterados e que retrata, em todos os atos, a positiva decisão de cumprir o supremo mandato do aperfeiçoamento.

Parte Final

Apesar de haver tratado neste livro de muitos pontos fundamentais a respeito da concepção logosófica, reservamos para futuras publicações, atualmente em preparo, suas partes mais proeminentes.

O leitor que pela primeira vez toma contato com nossas obras perceberá prontamente que não se trata de leituras correntes. Seus conteúdos estão destinados, em primeiro lugar, a guiar a reflexão dos estudiosos e, por extensão, a da comunidade humana, para a confrontação de duas realidades perfeitamente delimitadas: a que todos conhecem, ou seja, a própria vida tal como cada um tenha sido capaz de vivê-la, e a descrita nos capítulos deste livro. Queremos expressar, com isso, que nossas publicações respondem a um plano de reeducação do espírito, que há tempos se vem realizando com o maior dos êxitos em nosso país e em outros do continente.

Como é lógico, o autor teve de enfrentar, ao longo de seus anos de labor, dificuldades de todo tipo, as quais foi vencendo gradual e definitivamente. Uma dessas dificuldades, quiçá a que mais resistência apresentou, foi a das mentes de todos os que depois foram – e seguem sendo cada dia com maior convicção – cultores decididos da ciência logosófica. Esta adesão se deve ao fato de o nosso ensinamento, além de conter, como já dissemos, uma nova geração de conhecimentos de imponderável valor para a vida humana, achar-se nutrido de afeto, o grande elemento que, sem tirar liberdade e independência moral, física ou espiritual de ninguém, irmana o pensar e o sentir numa grande vontade comum, em tudo coincidente no sentido de prestar à obra logosófica, de projeções universais, sua maior e mais positiva colaboração.

Nestes últimos tempos, vimos desmoronarem-se e pulverizarem-se obras que ameaçavam abarcar o mundo inteiro, submetendo os homens à mais dura escravidão. A obra logosófica, que suportou de forma inabalável fortes vendavais, ressurge, ao contrário, com maior vigor do que nunca. Diante das obras feitas com ódios e violências, que jamais perduram, assistimos à permanência das que se inspiram no nobre e limpo amor à humanidade.

A obra que vimos realizando não tem necessitado requerer ajuda alguma dos poderes públicos, nem das instituições civis, nem de nenhuma outra ordem. Tem-se valido sempre de suas próprias forças. Tampouco tem necessitado importar a valiosíssima matéria-prima com que são elaborados os conhecimentos que difunde. Sua origem é genuinamente argentina, mas seu grande caudal humanitário tem um só destino: a humanidade.

Representantes Regionais

Belo Horizonte
Rua Piauí, 742 - Funcionários
30150-320 - Belo Horizonte - MG
Fone (31) 3218 1717

Brasília
SHCG/NORTE - Quadra 704 - Área de Escolas
70730-730 - Brasília - DF
Fone (61) 3326 4205

Chapecó
Rua Clevelândia, 1389 D - Saic
89802-411 - Chapecó - SC
Fone (49) 3322 5514

Curitiba
Rua Ângelo Domingos Durigan, 460 - Santa Felicidade
82025-100 - Curitiba - PR
Fone (41) 3332 2814

Florianópolis
Rua Deputado Antonio Edu Vieira, 150 - Pantanal
88040-000 - Florianópolis - SC
Fone (48) 3333 6897

Goiânia
Av. São João, 311 - Q 13 Lote 23 E - Alto da Glória
74815-700 - Goiânia - GO
Fone (62) 3281 9413

Rio de Janeiro
Rua General Polidoro, 36 - Botafogo
22280-005 - Rio de Janeiro - RJ
Fone (21) 2543 1138

São Paulo
Rua Gal. Chagas Santos, 590 - Saúde
04146-051 - São Paulo - SP
Fone (11) 5584 6648

Uberlândia
Rua Alexandre de Oliveira Marquez, 113 - Vigilato Pereira
38408-458 - Uberlândia - MG
Fone (34) 3237 1130

Composto em Swift 11,5pt

Impresso em papel off-set 75 g/m²